U0900419

智读汇

连接更多书与书，书与人，人与人。

新零售革命

以“新人类”的名义 重构零售模式

童思南　著

中华工商联合出版社

图书在版编目（CIP）数据

新零售革命 / 童思南著 . -- 北京：中华工商联合出版社，2018. 7

ISBN 978-7-5158-2333-1

Ⅰ . ①新… Ⅱ . ①童… Ⅲ . ①零售业 - 研究Ⅳ . ① F713. 32

中国版本图书馆 CIP 数据核字（2018）第 116648 号

新零售革命

作　　者： 童思南
策划编辑： 付德华
责任编辑： 楼燕青
营销企划： 王　静　徐　涛
装帧设计： 胡文琦
责任审读： 于建廷
责任印制： 迈致红
出版发行： 中华工商联合出版社有限责任公司
印　　刷： 北京欣睿虹彩印刷有限公司
版　　次： 2018 年 9 月第 1 版
印　　次： 2018 年 9 月第 1 次印刷
开　　本： 710mm×1000mm　1/16
字　　数： 190 千字
印　　张： 15
书　　号： ISBN 978-7-5158-2333-1
定　　价： 49. 90 元

服务热线： 010 — 58301130
团购热线： 010 — 58302813
地址邮编： 北京市西城区西环广场 A 座
19 — 20 层，100044
http://www.chgslcbs.cn
E-mail:cicap1202@sina.com（营销中心）
E-mail:gslzbs@sina.com（总编室）

工商联版图书
版权所有　侵权必究

凡本社图书出现印装质量问题，请与印务部联系。
联系电话：010 — 58302915

自序

新零售概念满天飞，从线上线下的争论，发展到线上线下的融合，再到无人零售等，无论是国家层面的供给侧改革，还是马云、刘强东、张近东等提倡的用互联网技术和大数据提高效率……这些说法都是对新零售的探索。那么，新零售的本质到底是什么？新零售到底应该怎么做？

我想，很多人会问：为什么需要新零售？零售不是一直在演变吗？为什么要提出“新零售”的说法？

新零售的“新”，到底应该是怎样的“新”？

“新零售”这个词，最早是马云提出来的。马云对“新零售”是这样断言的：“纯电商时代很快会结束，未来十年、二十年，没有电子商务这一说，只有新零售，也就是说线上线下和物流必须结合在一起，才能诞生真正的新零售。”

刘强东也是“新零售”的拥护者，他认为中国正在进行“第四次零售革命”。他认为零售不存在新与旧，零售的本质一直都是：成本、效率和体验。他说，智能技术会驱动整个零售系统的资金、商品和信息流不断优化，在供应端提高效率、降低成本，在需求端实现“比你懂你”“随处随想”“所见即得”的体验，未来零售基础设施会变得极其可塑化、智能化、协同化。

苏宁的张近东也加入了“新零售”变革的阵营，他抛出了“智能零售”概念。张近东认为：“未来零售是智慧零售，智慧零售是运用互联网、物联网技术，感知消费习惯，预测消费趋势，引导生产制造，为消费者提供多样化、个性化的产品和服务。”

也许有人在看了马云、刘强东、张近东等关于新零售的观点后，并没有完全解除自己的疑惑，对于“新零售”仍然一知半解。

新零售的“新”，到底“新”在哪呢？难道就是新技术的“新”吗？

要回答这个问题，我们先思考一下：为什么需要新零售？之所以提出新零售的概念，那是因为“旧零售”失灵了，也就是说旧的零售方式正处于没落死亡中（旧的零售方式包括传统落地销售模式和传统的电子商务销售模式）。

为什么连传统电商都失灵了呢？那是因为虽然传统电商在技术上进步了，但依然建立在传统的零售思维上，传统的零售逻辑现在失灵了，因此建立在传统零售思维上的传统电商也就不会有什么好结果，于是形成了“传统零售已死，新零售即将到来”这个观点。

到底是什么导致了传统零售的没落呢？很多人说是因为互联网改变了一切，是因为互联网技术改变了商业效率，是因为大数据更懂人的需求，是因为网络支付更方便，是因为快递更发达了……

这些都没错，但为什么40岁以上的人还是喜欢到门店、超市、商场购物呢？他们不是也生活在这个时代，这个环境下的吗？换句话说，传统零售或传统电商不是依然存在吗？也依然有人购物、商家依然有销售额，只不过是不再有更高的增长罢了，并且随着时间的推移还在萎缩中……

为什么会萎缩？

因为传统零售和传统电商渠道越来看不透“90后”“00后”这个客户群体，随着时间的推移，“40后”的人正在逝去，“50后”“60后”也在老去，依托传统零售渠道的消费者正在减少。另外，“80后”正在被“90后”所影响，越来越习惯通过“新零售”渠道和零售方式来获取产品和服务，传统电商消费者也被分流了。

在我看来，新零售的“新”更多的是指“新人类”，因为“新人类”的出现，消费者改变了，所以零售的思维方式被颠覆了。所谓新零售，就是针对“新人类”展开的全新的零售方式。

本书《新零售革命》更多的是围绕“新人类”的角度，通过对“85后”“95后”这群“新人类”的消费行为、消费习惯、消费需求的研究，分析“新人类”对产品、营销、场景、渠道、品牌的需求变化，来重新理解零售的各个环节和方式。

以“新人类”的名义重新定义零售业——这就是本书要讲的新零售。

童思南

2018年6月

Contents 目录

序篇 >>>>>>

新零售到底“新”在哪儿

新零售就是电商化吗？

新零售就是线上线下相结合吗？

新零售就是打造全新的场景吗？

新零售就是回到线下的零售方式重构吗?

新零售就是利用互联网技术和大数据提升效率吗？

……

我认为，

新零售是一种全新的思维方式。

新零售本质上是“人”的革命，

新零售不是修修补补，而是彻底的颠覆，

单纯形式上的模仿注定失败，

转变思维，自我革新，才能获得真正的成效。

看看大佬们眼中的“新零售”

“新零售”这个词，最早是马云提出来的。2016 年 10 月 13 日，在阿里云栖大会上，马云在演讲中提出了五个新：新零售、新金融、新制造、新技术、新能源。马云对“新零售”是这样断言的：“纯电商时代很快会结束，未来十年、二十年，没有电子商务这一说，只有新零售，也就是说线上线下和物流必须结合在一起，才能诞生真正的新零售。”

实际上，在这次演讲中，马云关于新零售的解说只有短短的几分钟。但是自此之后，新零售的旋风迅速席卷全国，甚至不少人从马云的一些只言片语中脑补出各种形形色色的观点，但不过是之前 O2O、全渠道全通路等概念拿来旧货装新瓶，不仅没说清楚新零售跟旧零售的差别，也没有讲清楚旧零售的问题根源在哪里。

5 个月后，阿里官方研究院发布了一份 37 页投影片，正式定义了马云演讲中的“新零售”。

新零售——以消费者体验为中心的数据驱动的泛零售形态。

从这个定义中我们可以看出，以消费者体验为中心是马云新零售的核心观点。2017 年 6 月 9 日，马云在 2017 阿里巴巴投资者日大会上说：“新零售的核心是从向消费者销售商品转向服务消费者，而且所有的线上线下从业者应该向同一方向努力，即让消费者快乐。”

马云不仅提出了“新零售”的概念，还身体力行，以收购、合作等方式完成了大量线下布局，例如银泰、百联等，还包括一些无人零售的店，例如淘咖啡等。

阿里的 CEO 张勇说：“阿里巴巴在线下的投资布局，都是希望用互联网、大数据、物流和支付等功能，帮助零售业合作伙伴实现数字化转型，完成商业重构。”在这里，阿里说出了线下布局的本质：要用互联网的大数据、线上支付功能，去改造线下零售。

说到这里很多传统经营者理解不了。我们就提一个最直观的问题：电商为什么比传统零售的估值高那么多？原因之一就是电商有用户电话、地址，传统零售门店都是流动客流，不知道用户是谁，也不知道用户的需求。如果把线下门店所有的客户和消费行为数字化，这将带来多大的价值？

这大概才是马云所说的新零售内核——made in internet。从中我们可以看出：马云并非认为线下场景是未来的趋势，他看重的是线下的流量，线下的用户。他最关心的是要尽快把这些用户“收集起来”形成数据，并用支付宝链接到他们。

刘强东也是新零售的拥护者，他认为，中国正在进行“第四次零售革命”。

2017 年 7 月 10 日，刘强东发表了《第四次零售革命》的署名文章，他认为零售不存在新与旧，零售的本质一直都是成本、效率和体验。

他说，智能技术会驱动整个零售系统的资金、商品和信息流不断优化，在供应端提高效率、降低成本，在需求端实现“比你懂你”“随处随想”“所见即得”的体验升级，未来零售基础设施会变得极其可塑化、智能化、协同化。他以沃尔玛为例，20 世纪 90 年代时，沃尔玛建立了一个与上万供应商共享的零售数据分享平台（retail link），将销售、库存、门店数据等与合作的供应商进行共享，帮助他们对商品的生产、配送、定价、促销等一系列活动进行优化。

刘强东认为，互联网和智能技术可以打通不同场景的数据，最大限度地实现数据共享，未来零售数据不再是某个企业的专有资产，而是大家可以共享、共同利用的公共资源。将来，商品、信息和资金流的服务会变成像水电煤气一样的公共基础设施，将零售业的成本、效率、体验推向新的层次。

虽然没有抨击马云的新零售，但是刘强东认为以马云为代表的这些人对新零售的思考还停留在互联网时代，这是有局限的。因为互联网主要改变的是交易端，对供应端的影响还很小，而他认为未来物联网和智能化的应用将改变供应端，而且对零售业的影响更为深远。

苏宁的张近东也加入了新零售的阵营，他抛出了"智能零售"的概念。张近东认为："未来零售是智慧零售，智慧零售是运用互联网、物联网技术，感知消费习惯，预测消费趋势，引导生产制造，为消费者提供多样化、个性化的产品和服务。"

张近东非常重视场景，他认为不管什么时代，零售业态的创新永远要围绕商品经营，专业细分品类，提高供应效率，提升服务品质。只有打造与商品属性最匹配的实体场景，才是最佳的零售业态创新。

我翻看了张近东在各个采访和论坛中的发言后发现，张近东对互联网和新技术的理解主要是对大数据的利用上，他认为传统实体零售看得到顾客，看不清顾客行为，更看不出顾客未来的行为趋势。但是在网购平台上，顾客的行为被完整记录，加以一定的算法模型，就可以预测顾客未来的行为趋势。

除此之外，张近东认为当前的消费者对品质消费、个性消费的需求日益增加，因此传统零售要转型，不能简单地把零售搬到线上，更不能将社交化等同于微博宣传、微信推广，而是要通过人与人的互动，提供有个性、有温度的服务。他认为，实体零售插上移动互联网的技术翅膀，通过社交化的用户服务，抓住个性化、差异化的需求，进行精准营销，是实现智慧零售的重要途径。

这三位大佬对“新零售”的理解，几乎涵盖了市面上对“新零售”认知的几个不同方向。对比一下我们发现，他们的理解有共通之处：都认可未来线上线下场景的界限会越来越模糊；都认可技术改变着零售业，尤其崇尚互联网技术下的大数据对零售业的巨大影响；都认可未来的零售是以消费者为中心的。

但也有些差别，而且我们会发现一个非常有意思的现象，他们对新零售理解上的差别跟他们的身份以及他们所处的位置有很大的关系。

马云是做电商平台的（阿里巴巴和淘宝都是平台），对于一个平台的经营者来说，流量（也就是用户）的价值胜过一切，综合一下马云在各个场合对新零售的论断，外行人看表象，只看到了他在强调线上线下相结合，只看到了他的线下布局，以为线下零售的春天又要回来了，但是探究其本质，我们会发现，马云看重的并非是线下场景，而是线下的用户。他在演讲中曾经提到：至少目前，85% 的消费者都还在线下，线下还有很大的价值空间可以挖掘。这大概才是他布局线下的真正目的。作为中国电商行业“教父”级人物的马云，他对新零售的理解其实还是互联网思维，只是考虑怎么把线下数据搬到线上，或者线上线下数据共享。

刘强东作为当前最大、最成功的线上零售商（京东以自营为主商家入驻为辅，是一家零售商），他强调成本、效率和体验，他对新零售的理解不局限于交易端，还考虑到供应端，思考和探索的是整个零售环节的流通。

张近东作为一家转型中的线下传统零售商（苏宁是线下老品牌，近几年才涉足电商），他强调场景，非常重视用户体验。从他的发言中我们可以看出，张近东是他们三人当中最重视线下场景的一位。他的观点，大概是众多传统零售经营者中最有共鸣的。目前很多传统零售的转型都是朝着“提升客户体验”的方向去努力的。

我在此要声明：马云、刘强东、张近东这三位商界领袖级的人物，他们是新零售的先驱，他们的观点，代表了三种不同的视角，三种不同的探索方向，并没有对错之分。

先行者已经朝着“新零售”的方向迈出了一大步，那么我们呢？中国千千万万的传统经营者应该如何跟上？如何结合自己的实际情况去实现转型？在竞争日益加剧的市场上，如何变革求生存？这是本书要探讨的主要内容。

关于本书：新零售是一种全新的思维方式

“新零售”这个概念是2016年时才刚刚兴起的，为什么出现在这个时候呢?

我们从一组数据说起：

从《2016中国电商消费行为报告》提供的数据可以看到，电商占社会总零售额的10%左右，绝大部分的流量和消费仍然在线下。

随着流量红利的消失，互联网上的流量成本越来越高，电商零售的经营成本逐年上升。许多淘宝小店店主表示经营不下去了，微薄的利润已经无法支撑购买直通车等流量的花销，就连多家年销售额过亿的天猫大店也表示，虽然生意红火，利润却逐年下降，其中主要原因就是庞大的流量成本开销。

天猫旗舰店只有不到一半的商家处于不亏损状态。

……

从这组数据中，我们看到了什么？当年电商所鼓吹的低成本似乎已成为历史，如今电商的成本一点也不低，线上经营越来越不容易了。但是千万别因此就以为线下的好日子要回来了，事实上线下实体店的日子依然煎熬甚至每况愈下。例如，2016年12月31日，上海淮海路上的地标性商场太平洋百货宣布停业，这意味着一个时代的烙印从此“谢幕”了，引来无数人的怀旧和感伤。上海徐家汇著名的美罗城经过2016和2017年持续的改造，已经从一个购物商城变成了吃喝玩乐的“娱乐城”了。

回顾一下，过去的十年，是电商蓬勃发展的十年，与此同时，是大量线下实体店客流减少的十年，一轮又一轮的“关店潮”席卷而来。但这时，多数传统经营者并未绝望，许多商家纷纷抓住“电商”这根救命稻草，一部分转型早的人也确实尝到了甜头。

但是现在呢？电商平台的高增长时代也过去了，蹲在电脑前“坐着捡钱”的时代也已经一去不复返了，转让、关门的网店也越来越多了。这个时候，很多传统零售经营者真的感到困惑了：以前说线下不行了，我们学着做网店，现在开网店也这么难，生意还怎么做呢？我们该何去何从，路在何方？

“线下难，线上也难”，传统经营者陷入了这种两难的处境之中。新的环境、新的竞争、新的困惑、新的压力，带来新的思考。未来零售业的增长点到底在什么地方？传统零售业的出路在哪儿？这几乎成了所有传统零售经营者所关心的问题。就是在这样的背景下，“新零售”应运而生了。也正是因为如此，很多人才把“新零售”简单地理解为“线上线下相结合”，作为非线上和非线下的第三种方式吧。

然而，解决问题需要追本溯源。如果你留意观察，会发现一些很有意思的两极分化现象，例如：

许多商家产品大量积压，卖不出去，线下店纷纷打折，天天大甩卖，但还是无人问津，淘宝等线上平台的价格战也愈演愈烈，甚至出现了许多便宜到让网友们惊呼连快递费都赚不回来的低价产品，以前是 9 块 9 包邮，现在拼到 5 块 9、4 块 9 了，但是网友们却并不买账，商家们面临着下一轮更惨烈的拼杀。

但与此同时，去国外购物的人越来越多，许多年轻人大包小包去国外大采购，花费相当不菲。

再例如：

传统的企业家无不感叹生意难做，利润空间越来越小，很多传统零售商家都徘徊于生死边缘，纷纷压缩规模，倒闭的也不计其数。

但是，以韩束、思埠等为代表的企业，却通过微商这种低成本的渠道模式，迅速崛起，短短几年就从一个小品牌成长为跟那些老牌企业平起平坐的品牌，部分企业甚至在短时间内创造出数百亿的财富，用几年的时间走完了传统企业需要用几十年才能走完的路。

再例如：

许多线下实体店纷纷关门，就连太平洋百货、家乐福、LV 也不例外；但是与此同时，优衣库、宜家、名创优品等线下实体店的日子依然滋润。

这是否说明，线上和线下并不是成败的关键？那么，如此两极分化，究竟秘密何在呢？新零售到底“新”在哪里？

探本究源，我们不难看到，秘密就在消费者身上！不是技术改变了一切，而是“新人类”颠覆了一切！

我们来分析一下前面三组对比：

为什么大家不买淘宝上 9 块 9 的东西，反而跑去国外买高价的东西？去国外买高价东西的都是哪些人？主要是一批经济状况较好的人，大都是高学历、高收入的人，去国外购物是因为他们崇尚品质、崇尚格调，淘宝上的东西再便宜他们也不买，因为他们不在乎价格，更在乎价值。

生意难做的是哪些人？是那些传统经营者、一些不了解消费者的工厂。因为他们的产品款式老、颜值低，他们的店铺没个性、没调性，年轻人不喜欢，特别是“85 后”“95 后”。

生意迅速做大的是哪些人？是一群把握住了年轻人喜好的人，比如 vivo 和 OPPO 等手机品牌，才做了几年销量就超过华为，他们的客户大多数是“90 后”；是那些做出高颜值产品的商家，比如苹果手机，征服消费者靠的是外观，粉丝大都是年轻人；是那些新一代的创业者，比如“江小白”“三只松鼠”；一些自媒体的经营者、原创工作室、设计师工作室，一些移动互联网的创业者，他们也都是年轻人居多，例如外卖 APP 第一品牌“饿了么”，其创始人是几个“90 后”的大学生。他们服务主要服务于谁？主要也是服务“80 后”“90 后”们。

线下实体店关门的是哪一些？是那些经营了几十年一成不变的“老店”。宜家、优衣库为什么生意好？光顾这些店的都是哪些人？是一群崇尚生活品质的人，以年轻人为主，一、二、三线城市的年轻人居多，尤其是“85 后”“95 后”。优衣库的基本款很多小白领、大学生都是人手几件，宜家是很多城市年轻人购买家居的标配。

……

从这三组对比和分析中我们看到了一个关键词：年轻人，特别是“85后”“95后”。

市场营销学中有一个理论：年龄25～35岁的人，是大众消费品的主流消费人群。“85后”和“95后”几乎刚好在这个区间，他们正在成为新一代消费的主流人群，但是我们的传统经营者，经营思维还停留在以“50后”“60后”“70后”为消费者标尺，做的还是以这群人为样板的市场需求和产品。他们根本不懂“85后”“95后”到底喜欢什么、需要什么，这样的产品供应给新一代消费者们，怎么会有人买？这样的生意怎能做好呢？

与此同时，那些近几年生意迅速做大做强的人无一例外都是把握住了年轻人的需求，占领了年轻人的市场。

所以我们看到新零售革命，其实是一场针对“人”的革命：是新一代的消费者和经营者，共同革了传统经营者的命，将那些不能适应“新人类”需求的经营者统统抛弃。新一代的“80后”“90后”经营者，他们比“50后”“60后”“70后”的经营者更懂“85后”“95后”这群年轻人的需求，迅速蚕食传统经营者的市场，把他们的客户池挖空，留给他们一座自守的商业空城。

因为消费者变了，“85后”“95后”成为大众消费品的主流消费人群，所以零售业经营的整体思维要改变，要把目光从“50后”“60后”“70后”转移到“85后”“95后”的身上。以“新人类”的名义，重新定义零售业——这就是本书所要讲的新零售。你会发现，围绕着“新人类”，零售的各个环节都要变。

“85后”“95后”喜欢的产品变了，他们不喜欢颜值低、没品位的东西，所以产品要变；

“85后”“95后”的传播方式变了，他们不看电视，不看报纸，他们喜欢自媒体，喜欢在线视频，他们不信广告，只信口碑，所以营销方式要变；

“85后”“95后”喜欢互联网，喜欢游戏，喜欢直播，所以零售场景也要变；

“85后”“95后”喜欢网购，喜欢分享，喜欢晒单，对于他们来说，购物不只是买东西，更是一种社交文化，所以渠道也要变；

“85后”“95后”崇尚个性，不喜欢大众品牌，所以品牌的塑造方式也要变。

这是一套完全不同于过去传统零售的新的思维方式。新零售的“新”，首先就是思想上的自我革新。这对很多传统经营者来说是一个非常痛苦的过程，意味着要把过去的一套思维逻辑彻底抛弃（尽管那套逻辑在过去曾让你获得过成功），但是迈出这一步至关重要。

很多传统零售经营者的“自救”归于失败，原因就是转型太慢，因为他们还没有从思想上转变过来，所以“转型”时只是细节上的修修补补。只有思维上的彻底转变，才能带来行动上的大刀阔斧，才有真正的转型成功。

本书所要分享的“新零售”，不以“场景重构”为中心，不以“互联网技术、大数据”为中心，不以“提升效率”为中心，而是以“新人类”为中心，分析“新人类”的消费心理、消费行为、消费习惯、消费需求、消费偏好来诠释零售的各个环节，从“新人类”、新环境、新需求、新产品、新营销、新场景、新渠道、新品牌、新生产”这九大方面来重新定义零售业。

需要指出的是，关于新零售的定义，目前并没有标准答案，不同人的论述都只是从不同的角度去看问题。本书也只是结合了作者这几年的研究和实践，选择了一个不同的研究视角去看问题，从新理解零售商业的相关变化，以供读者们一起来探讨。

第一章 >>>>>

“新人类”——不了解“新人类”，就做不好新零售

我将“新人类”定义为“85 后”“95 后”。

他们是物质极大丰富的一代人，

他们是具有互联网思维的一代人，

他们是虚拟和现实界限模糊的一代人，

他们是消费观跟过去完全不同的一代人，

他们是看颜值、讲格调，追求品质生活的一代人。

……

对于他们来说，购物不仅仅只是买东西，

还包含了文化、情感、社交、认同、情怀等多重体验，

他们购买的不是商品本身，而是商品背后的那些东西。

在新的时代背景下，

不了解“新人类”，就做不好零售。

关于什么是“新人类”，说法各异。很多地方在提到新型消费者时，都是笼统地讲“80后”“90后”。其实，准确来说，我认为“新人类”应该定义为“85后”“95后”。

这个提法其实也还是有一定的依据的。

PC互联网大约是在2000年达到一定的普及量，那时候开始遍地出现网吧。很多初中生开始偷偷地去网吧上网，家庭条件好的也开始在家里配备电脑上网了，绝大部分孩子一般在初中二年级开始有了频繁上网的机会。2000年左右的时候，“85后”也正是十五岁的年纪。1985年左右出生的一代人，他们社会性思维的形成初期就开始接触互联网了。也就是说，“85后”是随着PC互联网长大的一代人，从刚开始认知社会他们就开始上网，他们的思维逻辑是随着互联网的运行逻辑建立的，我们会发现他们是信息化的思维逻辑，系统化的思维逻辑，跟电脑和系统有相似的地方，他们处理信息的方式也特别像电脑，这代人跟过去的人是不一样的，他们的行为习惯也是不一样的。

用同样的方法推算一下，“95后”十三四岁的时候，是在2010年左右，正是智能手机兴起的时候，也就是说，“95后”是随着移动互联网长大的一代。手机是他们的必需品，如果你身边有“95后”，你会发现，他们的一切活动都是在手机上完成的：购物、交友、娱乐、吃饭……所有的一切都离不开手机，他们手机上装的APP特别多，遇到任何好吃的好玩的都一定要分享给朋友（如表1–1所示）。

表 1-1 人类全面进入移动互联时代

现代人：手机上网 78%；电脑上网 22%						
社交	打车	教育	订餐	工作	游戏	新闻
电视	购物	电影	听歌	旅游	订票	酒店
打车	育儿	医疗	美容	健身	读书	银行
天气	钱包	交通	洗车	炒股		
移动互联链接一切，还有什么不能在手机上完成的？						

不仅如此，“85后”“95后”都是独苗的一代，他们的父母多数都是“60后”“70后”，刚好赶上改革开放，家境条件好，“85后”“95后”是被宠大的一代。他们不愁吃，不愁穿，脑海中就没有“稀缺”的概念。因此，他们在购买一样东西时从来都不是因为生理上的“我需要”，而是心理上的“我喜欢、我开心”，他们的购买点跟过去完全不同。

为什么当年的电商会发展得这么顺利？为什么移动互联网的创业这么火爆，这么受风投的青睐？就是因为“85后”“95后”这批新人群的出现，他们的思维方式改变了，消费方式也改变了，因而产生了一个十分庞大且几乎完全空白的市场，新型经营者看到了这批人的需求，填补了这个市场的空缺，所以他们成功了。例如：在我们传统的餐厅还在等客上门时，线上美食的APP已经把他们的客户挖走了，“85后”“95后”直接在线上买单了。

这就是为什么很多人都在抱怨生意不好做。时代变了，环境变了，人也变了，但是我们传统的经营者，在生产设计产品、营销的时候，还是按照“60后”“70后”那一代人的喜好，还用过去的那一套经营逻辑，而“85后”“95后”大量地网购东西，大量地去国外买东西，在大型商场里、百货商店里越来越见不到他们的身影了。

其实，消费者一直都在，市场也一直都在，但是商家们不懂"新人类"，做不出"85后""95后"需要的、感兴趣的东西，因此他们被"85后""95后"这群"新人类"抛弃了。

现在，许多"85后""95后"也开始创业了，好多在校大学生还没有毕业时就已经有了自己的事业，不少大学生开的微店，销售额比几个线下连锁店加起来还要多。这些都是有机构专门调研过的，是有事实依据的，绝对不是纯粹的夸张说法。

我们不妨再延伸一下，与"60后""70后"的传统经营者相比，是不是"85后""95后"的这群经营者更懂"85后""95后"的心理？是不是他们更懂"85后""95后"的需要？面对"85后""95后"的这群"新人类"，他们是不是比"60后""70后"更加有优势？我在这里可以大胆地预测：倘若"60后""70后"的传统经营者不能转变思路，改变方法，去适应新环境，去研究"新人类"，一定会迅速被这群"85后""95后"经营者超越，属于"60后""70后"的市场会继续被压缩得越来越小，直至被淘汰出局。

这也是我研究新零售的出发点。现在新零售的呼声这么高，市面上关于"新零售"的定义五花八门，但我认为众多现象背后最重要的变量是人。人是一切活动的主体。新零售的革命实际上是人的革命，新一代经营者、新一代消费者去革老一代经营者的命。

世界每天都在改变，泥路变成了柏油路，茅草屋变成了高楼大厦，马车变成了汽车……一切都在改变，唯人心不变。纵观几千年的商业社会，零售的形态也在时刻变化着，但有一点是不变的：满足主流消费者的需求是任何一个时代商业制胜的关键。

回顾商业社会的发展历程，我们会发现，每一个时代都是因为新的消费者群体的出现、新需求的出现，带来崭新的零售业态。古时候，人们都过着自给自足的生活，只是偶尔需要交换一下物品，那时的“零售业”，其表现形式是“集市”；改革开放初期，零售业以小型杂货店、小卖部为主；到了20世纪90年代后期，随着人们物质生活的极大丰富，渴望更丰富、更平价的商品，于是出现了“平价超市”；再后来，为了满足一部分对商品品质有更高要求的消费者，出现了商场和大型购物中心……

这就是我们所强调的新零售，不是厂家的零售或者零售商的零售，而是购买者的零售用户的零售、是消费者在主导着新零售。过去二三十年零售业的主体消费人群是“50后”“60后”和“70后”，今天的消费者主体已经变成了“85后”“95后”，理解这些“新人类”的消费需求，才是打开新零售的正确姿势。

"新人类"的消费观跟过去完全不同

人们到底在买什么呢?

"50 后""60 后"的消费者，他们的需求非常简单，就是满足最基本的生理需求，吃只为果腹，穿只为遮体。"70 后"在满足基本生理需求上多了些安全的需求和美的需求。但是"85 后""95 后"是物质极其丰富的一代，不愁吃，不愁穿是这一代人的常态。他们是"60 后""70 后"看不懂的一代：明明衣柜里已经堆满了，却仍在买买买；手机明明还是半新的，说换就换，哪怕透支信用卡都要换；明明是一模一样的东西，就因为它是新版、升级版，看起来略有点不同，就多花几百块、几千块重新买一个?

我们会发现，以"85 后""95 后"为代表的这批"新人类"，他们的消费观念发生了重大的改变，生理需求几乎已经不在他们的考虑范围之内，价格对他们的影响也在逐渐变小。他们不因为高、大、全而购买，不因为价格低而购买，不因为广告而购买，也不因为牌子响而购买。他们的购买点是很多"60 后""70 后"所看不懂的东西。所以生活中，我们经常听到一些父母抱怨自家孩子乱花钱，买些"乱七八糟"的东西。他们死活都理解不了：买心情、买情怀、买调性……买那些莫名其妙、看不见摸不着的东西。举个例子，做坚果的“三只松鼠”，特别擅长将情感、文化这些东西嫁接到自己的产品中，它的每一份产品，都会附赠一张包含语录、心情的小纸条，并且包装得精美独特，在“85后”“95后”这群人中非常火爆。而很多“60后”“70后”的人就不明白了，要那么一个小纸条有什么用呢？还不如去市场上买，价格更便宜、更实惠。

所以，为什么传统经营者感觉生意难做？因为他们的消费观和“85后”“95后”不在一个层面上。他们对消费的理解和感受与“85后”“95后”完全不同。

观察一下，我们会发现，“85后”“95后”的消费者，他们的消费习惯、消费行为模型跟“60后”“70后”的一代人差异非常大。也许有人会说，就算同样是“70后”，消费行为习惯也不同。没错，同一个时代的人也会有个体差异。但我们研究的是共性，每一代人的消费习惯是有共性的。当然，不同时代的人，他们的物质和精神需求反映到商品上的时候，也是有差异的。

举个例子：

当我们口渴的时候，会有什么样的反应？“60后”“70后”的人脑海中会闪现过各个品牌的矿泉水，然后去商店买瓶矿泉水。而“85后”“95后”的女孩脑子里第一印象出现的是什么呢？有人说，是漂亮瓶子里的运动饮料，是超市里的酸奶，各种花花绿绿的瓶子，酸的、甜的，各种口味都有；有人说，是水吧里的奶茶、鲜榨果汁；有人说，是一大堆的冰淇淋，各种口味，还没买就已经开始犹豫该买哪种口味；还有人说，好长时间没去星巴克坐坐了，该去买杯咖啡了……

你看，“60后”“70后”想到的是解渴，“85后”“95后”想的却是各种味道，是社交……他们的消费行为习惯和心理，跟“60后”“70后”那代人是不一样的，他们的需求也是不一样的。如果我们还用过去的思维、过去的方法来做生意，能行得通吗？

除了不再买需求，买稀缺，而是买品质、买个性、买喜欢、买开心之外，“85后”“95后”还有一个跟“60后”“70后”完全不同的消费观：及时行乐。

我们发现：跟“60后”“70后”相比，“85后”“95后”这群人，他们特别舍得消费，特别舍得花钱。中国过去是世界储蓄大国，对于“60后”“70后”来说，存钱是常态，尤其对“50后”的人来说，大手大脚花钱是会被人看不起的。但是“85后”“95后”，“月光族”盛行，他们不爱存钱，只要花钱能换来快乐，就会买买买，并且最舍得在衣服、美容、健身、旅行、社交上花钱。在“85后”“95后”的人群中，有一个特别流行、认可度特别高的段子，“一场奋不顾身的恋爱、一次说走就走的旅行”，他们是活在当下的一群人，也许前一天还在工作，今天就辞职来一场说走就走的旅行。特别是“95后”，“超前消费”已经成为趋势，有数据显示，每个月消费透支的比例在“95后”人群中达到了15%，创历史新高。

从图1-1中我们可以看出“85后”“95后”的市场，是一个多么大的市场，蕴藏着多么大的商机！虽然“60后”“70后”们赚钱多，但他们存着不花，相对来讲还没有“85后”“95后”们赚钱少但全部花出去有购买力。

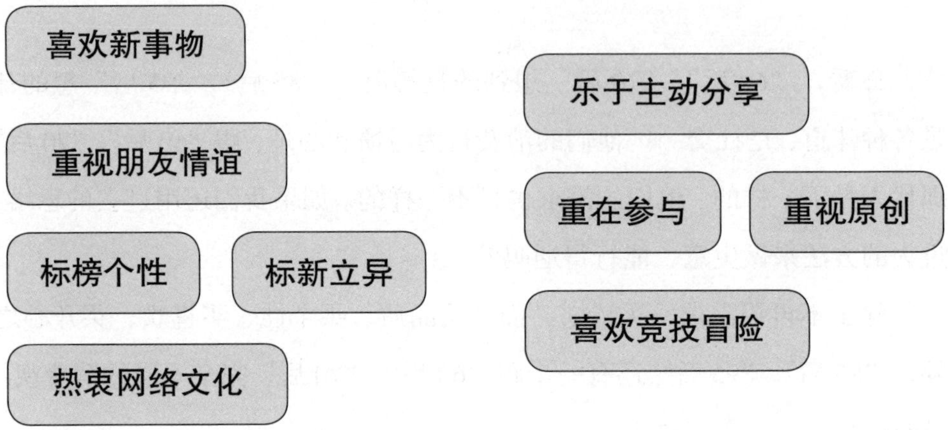

图 1-1　网络化一代主流用户："85 后""95 后"的消费喜好示意图

"新中产"正在崛起

做生意，首先应该定义的是：谁才是最有购买力的人群，到底做哪些人的生意？如果你是企业经营者，你会想到客户是谁呢？好多人一开始的定义就是完全错误的。

有人理所当然地认为，有钱人的购买力是最强的，在我们的传统观念中，有钱人多数是指40岁以上的人。比如企业经营者、大白领、高层管理人员，等等。因为这时他们已经有了一定的财富积累，开始追求生活品质。

但是他们真的是我们的主要目标客户吗？我们会发现，这一类人的日常生活用品已经非常充足，他们已经不再停留在日常消费和大众消费上，而是更多地去购买精神用品和奢侈品。你会发现在定义大众消费时，他们根本就不是你的主要目标用户群。

那么，在定义大众消费品时，什么样的人是最有购买力的人群呢？现在有一个特别流行的说法叫"新中产"。"新中产"正在崛起，他们在慢慢地改写着零售业。

什么是"新中产"呢？

我们很多人误以为"新中产"是40岁以上的人。

然而，事实却并非如此。很多"60后""70后"在一个单位干了一辈子，年薪不超过 10 万元。而“85 后”“95 后”中有很大一批人，年薪已经达到了三四十万元，甚至更高。很多淘宝店主，他们的年收入都能达到几十万甚至几百万，他们中大多数都是“85 后”“95 后”，甚至很多还是在校大学生。还有一大批“85 后”“95 后”的创业者，他们的收入也都非常高。就连那些自由工作者年收入超过 30 万的都比比皆是。这批人，他们在很年轻的时候，就已经进入到了“新中产”的行列。

这还不是最主要的，“85 后”“95 后”是独苗一代，他们大多数都是独享家庭资源，几代人的情感和物质资源都倾注到一个人的身上，他们的家庭资产很多都在一千万元以上（主要是房产）。

例如，很多一线城市的独生子女，通常最少都是有好几套房子，父母一套，爷爷奶奶一套，外公外婆一套，结婚以后，双方父母再买一套。他们将会继承的潜在资产在 5 套房子以上。最保守的估计，他们的身价在一两千万元以上。

你会发现，这一代人的生活过得特别滋润，因为他们孩子的教育基金，可能被外公外婆承包了，孩子的日常花销，可能是爷爷奶奶承包了。然后他们拿着钱，四处旅游，把孩子扔给老人，到处买买买。

所以“新中产”，还包括这些富裕家庭出身，有大量家庭资产可以使用和继承的年轻人。

有机构通过研究对“新中产”做出了以下 4 点总结：

1. 年轻，“85 后”“95 后”是主力军，25～40 岁的比例高达 61.4%，甚至这个比例还在上升；

2. 教育背景良好，本科以上的人占 59.7%；

3. 多居于国内一二线城市，个人年收入 10 万元以上，家庭年收入 30 万元以上;

4. 追求有品质、有态度的生活。

不仅如此，正如我们前面所讲，仅有资产还不够，我们还要看消费。毕竟，对于做企业的人来说，消费者花出去的钱才是企业能够赚到的钱，买了东西的人才是企业真正的客户。

很多"60 后""70 后"，包括一些小企业家，出去吃个饭，随便找一个小饭馆，几十块钱就解决了。很多老人，有自己的退休金，孩子们也给钱孝敬，但是他们不舍得用，连十几块的汉堡都舍不得吃。

但是年轻人会这样生活吗？小两口随便出去看个电影吃个饭，今天泰国菜，明天日本餐，只要往餐厅一坐，随便点几个菜，就要消费三四百块。

从这个意义上来讲，谁最有钱？肯花钱、会消费的才叫有钱。因此，我们很多传统经营者对"新中产"的定义就是错的。真正的"新中产"，主要是一些肯花钱的"85 后""95 后"人群才对。他把仅有的 30 万年薪花出去，企业才能赚到这些钱。

以这个方式来定义的"新中产"，大概有多少人呢？有研究机构称，大概要超过 2 个亿。这么庞大的数字，我们的传统经营者在做生意时，把他们当成你的主要客户了吗？在你的思维观念中，以他们的名义定义过零售业吗？

“新人类”的消费行为模型跟过去完全不同

“60 后”“70 后”出生于一个商品匮乏的年代，缺少某种生活必需品就去附近的商店买，比如家里没有食用油了，那么先看看附近的小商店有没有，如果不是很急的话，可以有空的时候去大卖场采购。总体来说，过去的消费模型非常简单：按需购买、按计划购买，先产生需求，再去寻找商品。商圈半径在购买中起着决定性的作用。

和“60 后”“70 后”的按需购买、有计划消费完全不同，“85 后”“95 后”在消费上随性得多，甚至充满了偶然性。“85 后”“95 后”的嘴里通常会冒出来这么一句话：“又超支啦！”他们常常会在买回来一样东西后，自己都感到诧异：“咦，我怎么买了这个呢？”

相反，“85 后”“95 后”则完全反过来了，他们是先有商品信息，再产生需求（如图 1–2 所示）。

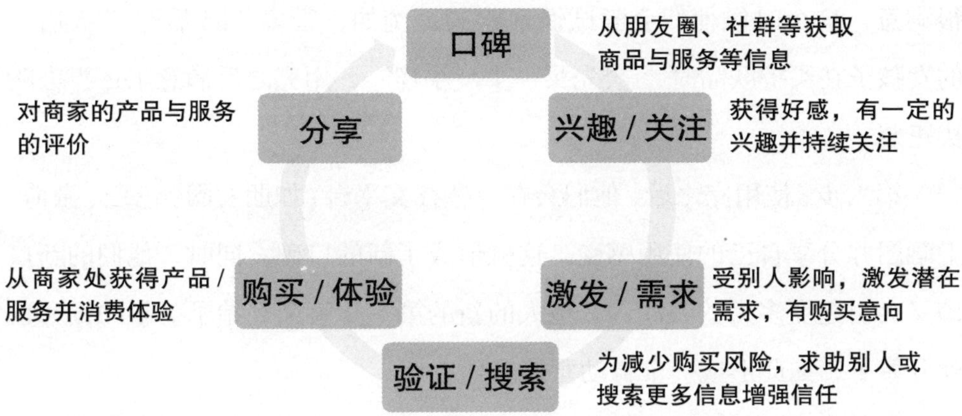

图 1–2 "新人类"消费者购买行为模型

第一步，他们在社交媒体（例如朋友圈）、网络浏览时看到一个口碑很好的商品。

第二步，他们会因为口碑对这个商品产生兴趣，心想"哇，竟然有这么好的东西，是不是真的啊"，然后在一段时间内会持续关注。这一步就是年轻人中特流行的一个词"种草"。

第三步，在朋友圈受到更多人的刺激和影响，产生了购买欲望。例如，当他们犹豫不决时，身边有个朋友跟他说"我刚刚买了，那个东西真不错"，于是他们的购买欲望一下子就被激起来了。

第四步，他们还会通过网络搜索寻找更多的相关信息（口碑）来验证。例如，我们经常可以在各种论坛上看到"85 后""95 后"发帖求助：对某某东西"种草"很久了，是否值得买入？

第五步，他们搜索来的结果大部分都是正面的信息、他们对验证结果很满意，这个时候他们会尝试性地购买。例如，很多“85后”“95后”的女孩子在买护肤品时，会先买一个“小样”，用完之后满意了，再去购买正装。

第六步，使用完之后，他们会在一些社交平台（如朋友圈、论坛、微博）上晒图并分享自己的使用感受，这就形成了新的口碑。同时，他们的新口碑又会引起更多人的关注，其他人的新的第一步就又开始了，新的循环也就开始了，如此形成一个自动营销循环。

在这个逻辑里面，商家做广告几乎是被人忽略不计的。一个最典型的例子，我们自己的微信朋友圈里，一个公司在刷广告，你点击过吗？你会停下来仔细看一眼吗？可以说很少。既然如此，更别说“85后”“95后”了，他们的脑海里根本不存在点击广告这个词语，他们会说，我获取信息不需要这种形式，不需要商家推送给我，有好产品朋友会告诉我的。

同时，我们会发现：过去的消费购买模型是以产品为中心的，而“85后”“95后”这些“新人类”的购买模型，则是以人为中心的，人际链接、分享和口碑占的比重很大（如图1-3所示）。

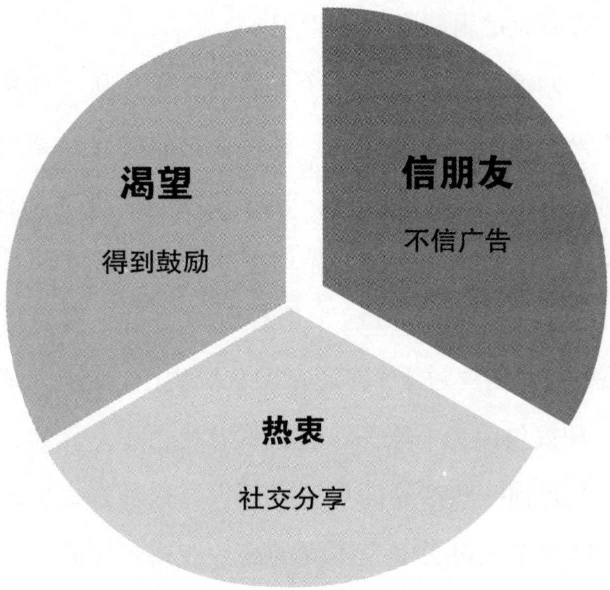

图 1-3 “85 后”“95 后”的购买模型

在这当中我们会发现一个跟过去完全不同的商业逻辑：过去的零售都是等客上门。但是面对“85 后”“95 后”这群消费者，倘若仍然只是等客上门，结果会怎样？那些比你更积极地推送、分享信息的商家，他们已经提前把你的客户挖走了。譬如，一个“85 后”“95 后”的女孩在路过一家服装店时可能会想：“这家店铺还不错，换季时可以来逛逛。”但是她真的会来吗？这种可能性恐怕很小，因为在等待的过程中，在各类社交媒体上，有太多太多的信息砸向她，她的消费欲望随时可能被激发，等她再次路过时，她的钱已经花出去了。

所以，我们可以看到：“新人类”的消费行为模型改变了，过去的营销手段、过去的商业逻辑就全都不管用了。

“新人类”的消费行为还有一个显著的差别：从“交易实物”到“交易信息”的转变。以网购服装为例，她们在付款的时候拿到衣服了吗？交钱之前你拿到了实物了吗？并没有，“85后”“95后”不再需要“眼见为实”，而是以图片为证。他们只要看到商品信息和图片，就可以下单。

有人说，“60后”和“90后”是有代沟的。在移动互联网时代，在消费领域，最大的代沟莫过于：你还在埋头搞生产，制造库存的时候，“85后”“95后”却仅仅因为一张图片就把钱花出去了。例如，我们经常可以在天猫、京东上看到一些产品的众筹或预售，这种方式可以让商家根据订单量来生产。这也是跟过去完全不同的商业逻辑：过去是先有产品，后有销售；现在则完全可以做到先销售，后有产品，零库存是可以实现的。这也是“60后”“70后”的经营者转变不过来的一个逻辑，他们想不通：没有产品怎么做生意呢？在他们被大量的库存积压狠狠拖累时，新一代的经营者却已经完美地实现了轻装上阵。

我们不难得出结论：倘若传统经营者不去理解“新人类”的消费模型，商业逻辑不转变，那应该如何参与到新的竞争中去？

“新人类”的消费喜好跟过去完全不同

“60后”“70后”在购买时最看重什么？答案大多数是：价格、质量、实用、广告等。那么，“85后”“95后”对什么样的东西有感觉呢？

图1–4调研的结果显示，“85后”“95后”最感兴趣的也是质量。但是，他们所理解的质量跟过去是不同的。一个“60后”“70后”说产品质量往往指的是产品的耐用度。而“85后”“95后”会说，看这个东西多有质感！质感是什么？是结实吗？苹果手机一扔就碎了，大家都说有质感，都抢着买。你看诺基亚多结实，但现在却很少有人买了。

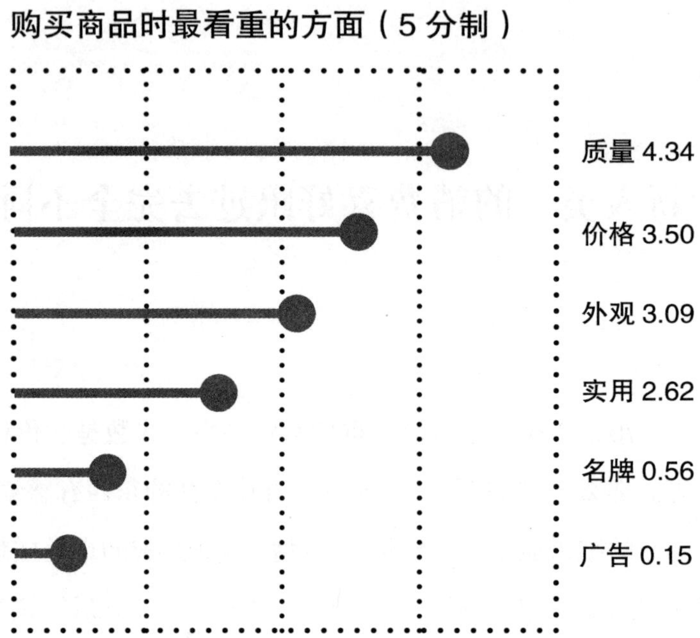

图 1–4 “85 后”“95 后”的消费喜好

关于价格，对于一个“60 后”“70 后”来讲，价格是极其重要的因素，价格是影响他们判断产品是否购买的重要指标。而“85 后”“95 后”忽略价格，他们更喜欢的是买价值。比如现在大部分的“95 后”消费者买苹果手机或者买 vivo、OPPO 手机，这些品牌的价格普遍高于其他品牌，但是新一代的消费者却不会考虑到这一点。

跟过去相比，“85 后”“95 后”对商品的“颜值”特别关注，他们愿意花钱买外观，东西不一定多耐用，但是颜值一定要高。苹果为什么能在短短几年干掉了诺基亚、摩托罗拉，是因为耐用吗？是因为便宜吗？都不是，一个最大的原因就是苹果手机颜值高，精致精美。

这跟整个时代的价值取向有关，用年轻人的话说"这是个看脸的时代"。现在逛超市简直就是视觉的盛宴，糖果是花花绿绿的，饮料的瓶子是五颜六色、形状各异的，喝水的杯子都做得跟艺术品一样，化妆品更是一看包装就有让人想买的欲望。

我的一个朋友曾经跟我抱怨，他五岁的女儿买饼干一定要买盒装的，量少价格贵，但是女儿被漂亮的包装盒吸引了。没错，商家卖的就是包装。

这就是思维上的差别。很多"60后""70后"的经营者思维方式就跟上面的那位父亲一样，他们很难理解外表为何会对购买产生那么大的影响。他们也不懂为什么他们觉得挺好看的东西，年轻人就看不上呢？对于年轻人的时尚，很多"60后""70后"理解不了。

譬如，现在流行一个词——"潮"，这个词涵盖了时尚、大胆、个性、标新立异等概念。但是"60后""70后"会说，穿得花花绿绿的哪里好看了，还到处是破洞！

这就是为什么很多"60后""70后"的经营者，他们做不出"85后""95后"感兴趣的东西，他们是按照自己的喜好、自己的理解来设计产品的。但他们忘记了自己是带着"60后""70后"人的审美和对物的要求做出来的产品。

关于"85后""95后"的喜好，颜值只是其中的一个点，还包括个性、情怀、社交、气质等很多方面。传统的经营者就更加理解不了：产品不过是一个没有生命的东西，怎么会拥有那些莫名其妙的东西呢？"新人类"到底喜欢什么，关于这一点，我们将在后续的章节中详细讲解。

消费者的喜好已经完全改变了，我们还在生产那些过时的东西，能不产生库存吗？生意能不萧条吗？这也是我们所强调的：线下或者线上并不是决定性的因素，消费者才是决定因素。抛开过去的成见，理解并接受这些“新人类”对商品的需求和感受，才能产生生机勃勃的新零售。

新一代消费者六大购买层级

让我们先来看一看图 1-5 中的这六个层级，传统经营者是从哪一级开始经营的？绝大部分企业在倒数前三个阶梯上经营。只有很少的新型经营者在前三个阶梯上经营，其实未来企业都要学会在前三个阶梯上经营。

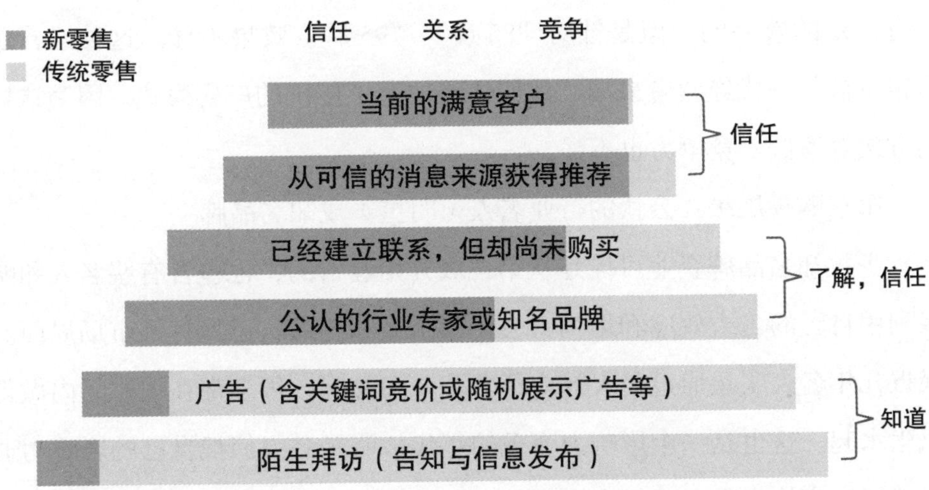

图 1-5 新零售与传统零售的区别

第一购买层级：陌生拜访（告知与信息发布）

很多企业目前还是从最底层——陌生拜访开始做客户的，我们最为熟悉的方式有打电话、发传单、上门推销、群发广告和信息等，这些方式都属于陌生拜访模式，通过告知与信息发布的方式让别人知道自己的企业与产品。企业在这个层级上经营，消费者对企业的信任度是极低的，这些告知类信息有效度也不高，可信度也不高，所以“新人类”基本不会在这个层面产生购买行为。这样的企业经营模式，竞争力是很弱的。

第二购买层级：广告（含关键词竞价或随机展示广告等）

一些有实力和资本的企业，经常会从第二级开始运营，直接砸钱做广告，用钱来获取知名度，通过“知名度”来吸引各代理商加入到分销渠道，再铺货到各种卖场，通过更多的产品展示机会和导购带动产品销售。如今，这样的广告行为转化率也越来越低了，针对“60后”“70后”消费者还是有一定的效果的，但是针对“85后”“95后”效果不佳。这种经营逻辑很少被新一代经营者采用，他们已经放弃了传统的广告模式。因为这样的方式效率低，竞争力也不强。

第三购买层级：公认的行业名人（明星）或知名品牌

少数知名品牌企业可能是从第三级开始经营的，也包含有些名人和明星利用自己的名人效应和影响力去经营企业和产品，迅速打开市场局面。最近几年名人明星通过名人效应经营企业和品牌，很多都在短时间内做得风生水起。这也是一个影响力变现的年代，明星名人们把自己的影响力通过虚拟或实物产品在粉丝中迅速变现，再通过粉丝传播获取更多的额外收益价值。粉丝经济的说法也源于此，这里最典型的就是小米了，雷军的粉丝在小米的发展初期贡献了很大的流量。也因为大家都是雷军粉丝的缘故，小米刚上市就有无数消费者追随，以雷军粉丝为主。也有一些新企业借助与传统品牌合作，取得品牌授权来经营，这样依托品牌影响力做微商、做微渠道的企业从 2016 年开始蜂拥而起。

第四购买层级：已经建立联系，但却尚未购买

"罗辑思维"在开始卖产品之前用了很长时间"积累用户"，其实就是用内容培养了很多粉丝，用会员和社群模式建立了和用户的追随者关系。等到关系成熟时再推出产品和服务，就会在信任的基础上获得无数粉丝的订单。先经营粉丝其实就是经营"从用户到客户的关系过渡"，后推出产品就是理所当然的销售过程。这种经营方式需要的是方法，并不需要太多的资本和资源，也不需要从一开始就要有品牌影响力，而是建立在一套粉丝形成的逻辑上，与个人影响力的建立有关。

第五购买层级：从可信的消息来源获得推荐

新一代的消费者最喜欢从自己周边的小伙伴们的分享中获取信息，最在意自己所信赖的人传播的信息，也最容易接受这些信息。同时，"新人类"也是最喜欢晒信息的一代人，如此形成了一个良性循环。用分享原理建立起来的商业模式越来越多，微商虽然被人诟病，但它的逻辑符合新一代人的行为模型，只是初期在法规和商业准备不完善时被不良企业及经营者借机利用了而已，只需要对企业经营行为进行规范并完善相关法规，那些经营弊端就会被逐渐消除。

第六购买层级：当前的满意客户

忠实用户最容易成交这是毋庸置疑的，但很少有传统企业经营者意识到忠实客户除了是非常好的付费购买客户之外，也是最好的传播者和影响者，从而忽略了他们这方面的价值：利用忠实客户制造口碑和传播信息，

帮助品牌或企业达到转介客户的目的。消费者是最好的销售者这个概念被越来越多的人认识到，消费商的概念就是这么得来的，一个对某个产品使用体验非常好的用户很自然地想分享他的心得，并且意愿强烈，如果提供了非常方便的分享机制，让分享者能获得一些潜在的回报，会更加激励分享行为，那么这种分享行为能达到几十万人的规模，这样就为企业节省了大量的广告费和导购促销费用，企业只需要把这部分利益回馈给分享者就可以了，这样就构成了一个全新的商业循环关系。

“新人类”的出现把零售经营背后的逻辑关系都颠覆了。

怎么个颠覆法？这个颠覆体现在什么地方呢？

传统的经营者的营销与经营逻辑依然停留在对陌生客户的告知上——最低的层次上。传统的经营者依然停留在“告知”和“广告”这两个逻辑里，无论是电话推销、上门推销、发传单都是属于陌生告知方式，实力雄厚一点的企业投广告，广告其实也是告知。可以说“50后”“60后”“70后”的经营者依然停留在十几年前的经营逻辑上，跟“90后”的经营者相比他们严重滞后了。

新一代的经营者，最低的也是从第三层级开始经营。例如我们通常所说的网红经济。

“90后”经营者绝大部分都是从第四个层级开始经营的。举个例子：

首先弄个公众号，让大家都来关注，让大家成为他的粉丝和会员，本质上讲究是建立联系，过了一段时间他开始卖书了，很多人都会去买。

这就是典型的从第四个层级开始经营，先建立联系，再卖东西。其实所有的新一代的经营者全玩这个逻辑，不是先生产一个产品，然后拼命地打广告吆喝着让人来买。不是先有东西再有人，而是先有人头后卖东西。

可能今天卖书，后天卖月饼，大后天卖桃子了，这完全是根据客户需求来决定卖什么东西。这是以人为中心，以客户需求为中心，而不是以产品为中心。

为什么新零售的经营逻辑更容易成交呢?

一个广告和一个陌生拜访，它起的效应是简单地对产品的告知，对于这个厂家，对于这个经营者，对于背后的信息（例如企业文化等），消费者一概不了解，他能买单吗?反而像罗胖这种方式，消费者天天通过文章或者视频跟他见面，对他日常的一举一动都特别熟悉，就好像这个人就在自己身边一样，因为信任他，所以他卖什么东西消费者都愿意买。

传统的企业家是从陌生告知的层面上开始做经营，新型的企业家是在了解和信任的层面上开始做经营。这是经营逻辑上的本质区别，而不仅仅是线上和线下的差别。

现在有很多人做微商。微商的核心逻辑是什么呢?是在信任的基础上做交易。比如说，我先加500人，把这些人都混成熟人，然后我再卖产品，自然就卖出去了。

现在大家都不懂这个道理，他们只是学会了形式，没有理解本质。好多人都是怎么操作的呢?他们纯粹就是加人，加完人以后不跟对方交朋友，也不跟别人聊天，就是发一个产品的链接，或者在朋友圈狂刷广告；有些经营者连人都懒得加，而是直接跑到一个群里面，扔一个广告就以为大家就会买了，怎么可能呢?

这些人用了线上的方式，但逻辑还是传统的思维逻辑，还是停留在告知的层面上。就跟现在的传统企业家拼命打广告但是死活卖不出去货是一个道理，因为他们的经营逻辑是有问题的。

为什么会出现这样的情况呢？说到底，还是因为“新人类”的出现。

新一代消费者的购买逻辑是不一样的，他们必须在信任的基础上购买。这个信任来自于哪里呢？我得先跟你有关系，你跟我没关系，我不买你的。

比如，卖锤子手机的罗永浩是怎么卖手机的呢？他原来是新东方的老师，很出名，很有个性，很有人气，也有不少粉丝。砸完冰箱之后，还没有生产产品，就告诉大家我准备做手机了，品牌叫锤子，我现在要众筹销售。结果，事情还没开始做，手机还没有开始生产，付款订单就来了。

这个交易就是在建立关系的基础上达成的。这个关系来自于人和人的关系，不是人和产品的关系。消费者不认产品只认人，这是传统的企业经营者无法理解的。传统经营者认为我的产品吸引人、我的店吸引人，就一定能卖东西，问题是没人进店了，你的产品再好、你的店再漂亮，又有什么意义呢？掌握了新零售逻辑的经营者则认为人是最好的渠道。现在很流行的微电商、社群电商、微商都是没有实体店的，所有的交易都是通过一个人来达成的，就是当我认可你这个人（销售者）的时候，你卖什么我才肯买。这意味着什么？过去传统意义上的那个生冷的门店，不再那么吸引人了。

一个人的价值大还是一个门店的价值大？一个人的销售额大还是一个门店的销售额大？一般的传统经营者会理所当然地认为肯定是门店大。

事实上呢？我举个例子，一个叫张大奕的网红，一晚上直播销售几百万元的销售额。她还不是最厉害的，最厉害的是文怡，创下了一晚上几千万销售额的记录。任何门店都无法跟她比。文怡一个人后面跟着一个不超过一个门店数量的员工，一年几十个亿的销售额，谁的门店能有这样的销售效率，做不到吧？

现在做微商的，只要朋友圈里有 5 万个精准目标客户，基本上都比一个一般的门店（一般在 100 平方米到 200 平方米，3 至 5 个导购）销售量大。

所以，在这种情况下，传统的渠道正被颠覆中，这一点，我会在后面的渠道章节详细来讲，这里先简单地提一下。

现在的很多传统经营者都不愿意面对现实，他们认为零售早晚还得回到线下。

我们只说一件事，"85 后""95 后"到了超市里面，他会站在那儿犯傻，为什么犯傻呢？他无法决策，他会有选择恐惧症（如图 1–6 所示）。因为没有他人帮他做决策，最后转一圈出去了。甚至有的人会拿出手机重新在天猫、京东、比价网上搜索一下，看看评价……是不是这样？那么，他们还有必要到店里花半小时买东西吗？干脆在网上看完了，下单了就好了。

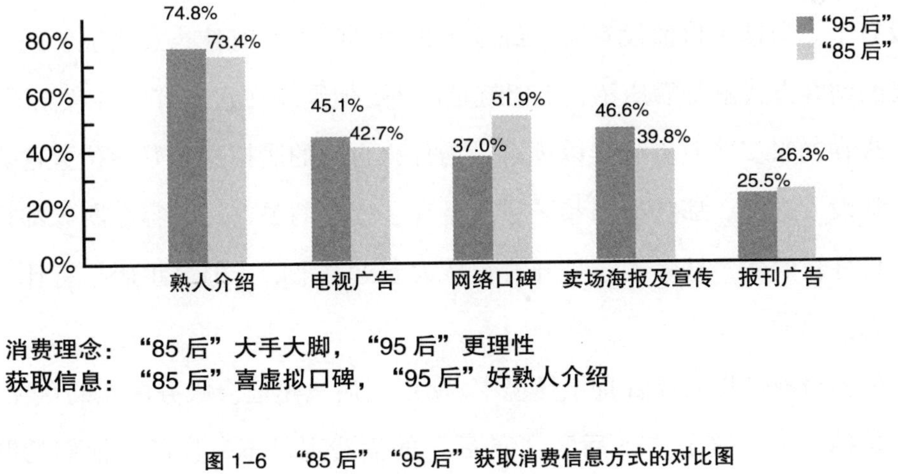

图 1–6 "85 后""95 后"获取消费信息方式的对比图

很多的“60后”“70后”经营者死活理解不了这一点，理解不了这致命的一环。我不知道你们有没有遇到过这样的情况：

“90后”的女孩低着头拿着百度地图，导航去一家很偏僻的饭馆吃饭。一路上可以看到无数饭馆，但她却选择无视，为什么呢？因为这些饭馆在网上什么信息都没有。

这个女孩，她花了那么大的力气，跑那么老远去一家很偏僻的店，为什么呢？因为她在网上已经充分地了解那家店，什么东西好吃，其他人的评价是怎样的，她都已经考察过了。她对这家餐厅特别了解，特别熟悉，当然去那家；而这一路上碰到的餐厅对她来说完全是陌生的、未知的，所以她选择无视。

我说这个例子是为了表达什么呢？传统意义上的旺铺，店招任何价值都没有了。当这个价值没有了，纯零售再回到线下还有什么意义呢？线下主要的纳客方式就是靠店招，店招就是广告，但是现在它没有广告意义了。

现在的很多经营者都难以理解，为什么自己的店招这么好，位置这么好，却没人进来。那些胡同巷子里或者写字楼里的餐馆、美容会所等却排着好长好长的队，好多人还是开着车从大老远过来的，但这跟店招有什么关系呢？

体验服务过程需要置身于环境中，所以门店只是适合服务模式的存在。

总结一下，整个“85后”“95后”的消费观是不一样的，他们的购买逻辑也是不一样的，他们的消费行为模型是不一样的，因此零售的各个环节也都被颠覆了。

严格地讲，每一代人之间都存在着代沟，"50后"跟"60后"也是不一样的。但他们之间的差别远没有那么大，对商业的影响业也没那么大。为什么到了"85后""95后"，这一代人对零售业的颠覆会这么彻底呢？这是由他们所生活的环境所导致的，他们生活的环境是什么样的环境呢？我们称其为"微环境"，这是我下面章节要讲的内容。

第二章 >>>>>

新环境——人类正在创造一种全新的生存方式

人类已经全面进入移动互联时代，
被改变的，何止是信息传播的方式，
人类正在创造一种全新的生存环境。
阅读是碎片化的，
工作、学习、娱乐、社交的时间是混杂的。
人与人之间的关系，
由过去的物理疆域，变成了网络疆域，
决定人际关系的不再是距离，而是文化。
人人都是自媒体，
话语权从少数权威那里开始旁落，
慢慢转移到普通大众手中……

2017 年 7 月 27 日，百丽国际控股有限公司黯然退市。作为一代鞋王，百丽的品牌曾经占据了各大百货公司的半壁江山：百丽、天美意、他她、思加图、森达、百思图等，可以说，百丽曾经承包了女士的大半鞋柜。百丽曾经疯狂开店，平均不到两天就开一家新店。在它的巅峰时期，它的市值高达 1500 亿港元，退市时的股值仅为 531.35 亿港元，缩水超过 62%。百丽的董事长邓耀和 CEO 盛百椒出售了自己持有的全部股份，预计套现约 100 亿元，将自己经营了一辈子的企业彻底卖了出去。

百丽为何遭此惨败？业内有很多说法。但我印象最深刻的是百丽 CEO 盛百椒自己的一段反思，他在 2017 年 5 月的发布会上说："百丽未能成功转型主要责任在我，自己仍然不会开电脑，连微信都没有，对市场的变化没能做出很好的预判。"这里我补充一点：盛百椒当时 65 岁，而董事长邓耀已经 83 岁。

百丽的退市，并没有让大家因少了一个庞大的竞争对手而欢欣鼓舞，反而令很多传统经营者生出了一种"兔死狐悲"的悲凉。传统经营者，特别是"50 后""60 后"感觉特别无力，明明自己还宝刀未老，正想大展拳脚的时候，不知不觉就被这个时代抛弃了。自己明明一直在进步，一直在学习，一刻也不敢松懈，怎么就跟时代脱节了呢？就连很多普通的中老年人也充满无奈，好像自己所生活的世界跟年轻人所生活的世界，是两个完全不同的世界，连交集都找不到。从什么时候起，自己就开始听不懂孩子们嘴中蹦出的那一个个网络词汇；从什么时候起，孩子们嘴中的微信、淘宝、论坛、直播那些新鲜玩意，自己完全不会用。就像我经常听一些传统经营者说的一句话：不是我们改变得太慢，是这个世界变化得太快了！

在很多传统经营者的眼中：电商好像是一夜之间铺天盖地的，一夜之间抢走了自己的客户；优衣库好像是突然冒出来的，它刚冒出来就比自己经营了几十年的品牌还要红火，自己只能羡慕嫉妒恨；微商刚刚冒出来时，自己还不屑一顾，可是转眼间，一些微商品牌就跟自己平起平坐了，不仅进入了大型商超和专卖店，规模和资产还超过了自己。

过去，一个市场从兴起、成熟到衰落需要几十年的时间。无论是外卖APP，还是共享系列产品（单车、充电宝）等，在短短的时间内，随着行业领导品牌地位的确立，这个市场就开始进入了淘汰期，这个时间往往只有二三年甚至更短。例如外卖 APP 在 2015 年才开始兴起，而在 2017 年，百度就宣布把外卖业务卖给“饿了么”，淘汰的周期就是这么短。就像百丽一样，2013 年它还处在巅峰期，从巅峰到谷底，也就是三四年的时间。

对于传统经营者来说，现实就是这么残酷，几十年的思维习惯很难一下子变过来，但是市场不会给你太多的时间。很多企业之所以转型失败，就是因为他们的反应太慢了，要么只是小幅度的修修补补，换汤不换药，要么就是形式上的模仿，只有“形”而没有“神”，没掌握要领。

正如我们前面所讲，是“新人类”颠覆了传统零售业，但是“新人类”为什么能在短短的时间里将过去的那一套商业逻辑颠覆得如此彻底呢？这是由环境造成的，新环境造就了“新人类”。因此，要真正地理解“新人类”，理解新零售，我们还需要重新来认知一下我们所生存的这个世界，它不仅仅只是信息传播方式的改变，而是一种全新的生存方式。

人类已经全面进入移动互联网时代

“85 后”“95 后”是随着互联网长大的一代，尤其“95 后”，几乎可以说是互联网的原住民（从他们刚学习、刚识字时就已经接触网络了）。他们是网购消费模式的一代人，他们对网购的热爱已经到了什么程度呢？

让我们来看一下图 2–1，这个数据截止至 2015 年 12 月。从图中，我们可以看到“85 后”“95 后”网购非常频繁，他们把大部分的时间和金钱都交给了网络。

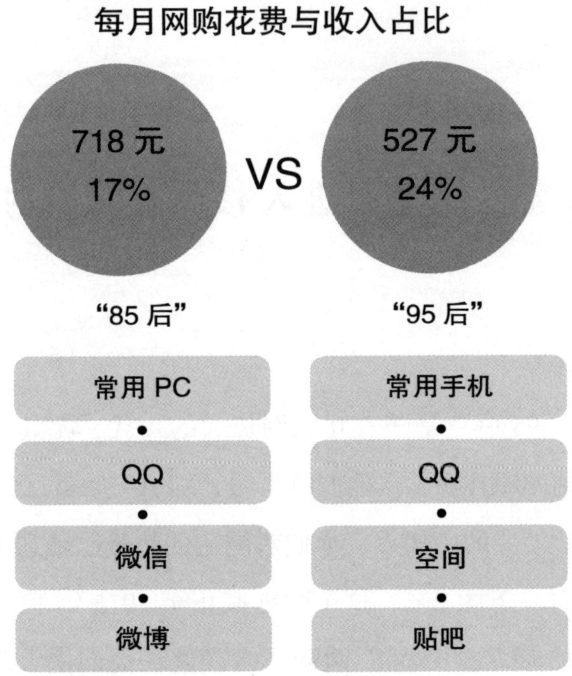

图 2-1 “85 后”“95 后”的网购花费比

在 PC 时代，线上和线下还是泾渭分明的，网络对商业的冲击仅仅局限于服装、护肤品、部分日用品等少数领域。

2010 年，随着智能手机的出现和应用，人类进入了移动互联时代。这个时候，线上和线下的界限越来越模糊，当你打开手机时，你就进入了线上的状态；当你关上手机时，你就进入了线下的状态。“85 后”“95 后”就是生活在这种线上线下自由切换的环境中，他们对手机和网络极度依赖，他们接受信息几乎来自于手机。这对零售业的冲击更为深远：消费者可以随时随地购物，随时随地下单；消费者可以随时随地查看商家的口碑信息；消费者可以随时随地接受朋友和他人的分享和推荐……这意味着什么？即使你的店铺就在“85后”“95后”的眼前，但是如果他们找不到你的口碑信息，他们也不会进店消费。

在PC时代，众多传统经营者对电商都是抱着观望的态度，部分行业甚至抱着事不关己的态度，因为在他们看来，电商只能影响部分行业，有些行业是电商无法触及的。但是移动互联网的出现打破了这种认知，如今我们放眼一看：水果、蔬菜、家居、家电、餐饮、娱乐、旅行……所有我们能想到的行业，都已经全面电商化了。

“美团外卖”“饿了么”等APP像一阵旋风席卷了各大城市的白领，吃饭也可以在互联网上解决了。线上美发美容的APP大量出现，美发、美容也不需要去店里了，APP下单，美容师自动上门。“携程旅游”等APP的出现，旅行也可以在网上进行了。“链家”“搜房”等线上中介的出现，短短几年就盖过了传统中介。如今，“滴滴打车”“OFO单车”等APP的兴起，就连交通出行也可以在网上解决。人们不仅会问：这年头，还有移动互联网解决不了的问题吗？当一部手机可以连接万物的时候，世界会变成什么样子，我们的商家到底该怎么办？

人类的生存方式正在发生翻天覆地的变化，这种趋势不可逆转，只会发展得越来越快，渗透得越来越广，许多人士都预测，未来几年“人工智能”“物联网”可能会成为热门词汇。可以预见，随着这些新技术的出现，“虚拟”和“现实”的边界将会越来越模糊，零售行业将迎来更大的颠覆和变革。曾有人做出过一个很有趣的预测：未来10年后，15年后，今天的“85后”“95后”也许会需要下一代教他们操作机器人，就像今天的他们教父辈操作微信一样。世界的变化就是这么快。

面对这样的变化，很多传统经营者束手无策，他们只能自我安慰：世道不好，生意都难做，大家的日子都不好过。真的是这样吗？事实上，对于传统经营者来说简直是一场灾难的移动互联网，对新型经营者来说却是一场机遇。随着移动互联网的兴起，出现了大量的"90后""95后"创业者，他们在短短的时间内获得了巨大的成功，令很多传统经营者望尘莫及。

曾有人统计过，淘宝年营业额过亿的明星店铺，其店主大都是"80后"甚至"85后"。

皮包行业享受盛名的"伊米妮"，其创始人小米是"80后"，大约在2006年开始创业，当时她还在上大三。如今她的店铺年销售额过亿，胜过数个黄金旺铺的总和。

外卖行业APP第一品牌"饿了么"，其创业者是几个"90后"的交大毕业生。

大量的"网红"、微商的运营者，大多数是"85后""95后"，往往一个人就能创造出几十家、几百家传统店铺的销售规模。

随着移动互联网的兴起，不仅新的消费者出现了，新的经营者也出现了。与传统的经营者相比，这群"85后""95后"的经营者们，是随着PC和移动互联网长大的一代，他们的思维方式早已和互联网融为一体，他们更懂得"85后""95后"的需要，因此传统经营者触及不到的市场被他们轻松拿下。

不是生意难做，是传统经营者没有跟上变化。

值得欣慰的是，PC 时代，愿意改变的企业家还是少数，但是到了移动互联时代，几乎所有的企业家都有转型的欲望。但是多数还是转型太慢，沿用过去的那一套商业逻辑，甚至也有企业家会说："改变太难了，我们就做"60 后""70 后"的市场，"85 后""95 后"的市场就让年轻人去做。"

这样可以吗？我们可以回顾一下，十年前，"60 后""70 后"网购的有多少？几乎没有。五年前呢？也非常少。那么现在呢？"60 后""70 后"的中产家庭，网购已经成为常态。像上海、北京、深圳这些一线城市，许多 60 岁、70 岁以上的老年人的网购已是常态。

人类全面进入移动互联网时代，它改变着每一个人。很多"60 后""70 后"在他们的子女、周围朋友的影响下，学习使用手机进入移动互联网，学习适应新的生存环境，他们也在发生着潜移默化的改变。倘若传统经营者不能自我革新，那么可以预见，未来不仅会在"85 后""95 后"的市场中出局，就连"60 后""70 后"的市场也将逐步丧失。

形势已经十分严峻，对于传统经营者来说：要么自己革自己的命，要么等着被别人革命，摆在眼前的只有这两条路。

“微环境”给零售业带来了什么

我们所有的人，不只是“85后”“95后”，包括“50后”，都被“微”包围着，这个“微”包括微信、微博、微电影、快手、抖音等，所有的东西都是微化的。比如微博、微信这些都叫微平台，上面发布或者流通、运转的都是微内容，文字有字数限制，视频有时间限制，全部是类似这样的信息，都是微化的内容。而所有的这些都是碎片化的信息，身处这样的环境中，人不知不觉就被改变了。

第一个改变，人们的阅读呈现碎片化的特点。

过去的信息需要你从头看到尾，现在需要你信息拼读，但是我们经过两三年的训练，人人都会有这个能力。这时候我们就变成了微受众。

这样的改变对人和商业社会产生了怎样的影响呢?

它让互动变得更简单、及时。我们过去要进行一个信息互动，例如给中央电视台、杂志社寄一封信，半天没有回应，现在一条信息发出去几乎是秒回应，点个赞就是互动、就是支持。人的信息行为方式彻底被改变了。所以，为什么在“85后”“95后”这群人中，口碑替代了广告。微平台的出现，让人们分享一样东西、互动一样东西变得太简单了。人都渴望互动、渴望情感的交流，于是他们把购物变成了一种社交文化。

第二个改变，阅读的碎片化把人的时间都切割开了。怎么理解？过去人们的生活非常规律，白天上班，晚上看电视，休息日才会购物。所以对于过去的商家来说，卫视的黄金时段是必争时段。但是现在呢？你会发现“85后”“95后”对所谓的黄金时段毫无感觉。他们接收信息和购物可能会发生在任何一个时间段，上班时可以掏出手机看看短视频，看看促销信息。朋友分享的一样东西，点开一看，还不错，就会马上下单。移动互联网时代，手机屏将受众的阅读时间切割得支离破碎，地铁上、公交上、休息时，甚至是玩游戏等待系统更新时，都成为受众阅读获取信息的重要时间。在信息爆炸的年代，消费者的阅读时间又如此有限，尤其是“85后”“95后”的“新人类”，他们的阅读口味就是新鲜、有趣、好玩。倘若我们还在用过去的那一套广告文案，他们会看吗？这就是为什么很多企业开了微博、公众号但是效果却不太好的原因，因为他们没有抓住“新人类”的关注点。

也经常会有一些传统经营者向我请教：我们坚持做公众号，但是点击率很低，怎么办？我们花钱找人做推广，包括自己做活动虽然吸引了一些粉丝，但是大多数是僵尸粉，而且每天取消关注的人远远超过新增加的粉丝，怎么办？这说明生活方式的改变，要求商业逻辑也要改变，仅仅形式上的跟随是没用的。

第三个改变，微信息降低了参与的门槛，人人都可以制造信息。过去的信息是完整的、系统的、逻辑性很强的，这就对参与者的能力和水平提出了很高的要求。在过去，不是人人都能当“笔杆子”的。新浪博客的出现，并不是很受欢迎，就是因为写文章不是人人都能做的。微博的出现，才真正实现了全民化。写一篇文章对很多人来说有难度，但是分享几句话，人人都可以做到。因此信息传播的方式彻底改变了。过去的企业在做营销时很“壕”，例如有的企业会包下整版广告，但是现在“微段子”的传播效果会更好。过去，记者在人们眼中是一个很受人崇拜的职业。现在呢？只要有一部手机，人人都可以现场直播，很多新闻都是网上先有视频，随后纸媒才报道。过去想封锁一个信息，报纸不发谁也不知道。现在呢？网络传播无处不在。

由于信息的改变，整个生存环境也彻底改变了。你会发现人和物、人和人之间，信息的传播方式也不同了。过去一个产品的传播，所有人只能是被动接受，也就是说任何一个普通人无法制造信息，也无法传播信息，因为你不是载体。过去的信息载体是什么？是报纸、杂志。现在的信息载体是什么？是人。在这个时代，人人都有能力和机会成为自媒体。

人人都是自媒体

“人人都是自媒体”，这句话该怎么理解？人为什么可以成为媒体？我们说一个很简单的道理：过去，只有把信息放到报纸、杂志、电视、广播上，大众才会知道。那么现在呢？你可以通过开通个人订阅号等方式，只要有几个好友或粉丝，就可以传播信息了，甚至像传统媒体的力量一样，让很多人知道你发布的信息。

如果你做了一个微信公众号，里面一个人都没有。你把信息发到了公众号里，会有人看吗？答案很明显：谁都看不到。自媒体也需要用户，但不一定必须像传统媒体那样有数量庞大的订阅用户（传统媒体模式下，信息只能被订阅者看到，或者自己的用户看到），社会化媒体是哪怕你只有几个订阅用户，但只要他们愿意帮你转发，例如转发到朋友圈、社群，就会有更多人看到你的信息 。自媒体的信息有多少人看到，在于有多少人帮你转发，也就说，人才是信息传播的载体。

过去的信息载体是平台，现在的信息载体是人，这就是传播方式上的本质差别。这意味着：每个人都是信息接收者、信息制造者和信息传播者。

人人都是传播体，都可以让信息流动，这彻底地改变了信息的流动方式，任何社会化的媒体都有这些功能，都给大家创造了这三个机会。

人可以制造信息，然后去传播它，那么人就是媒体。从人人都是传播体到人人都是自媒体，我们进入了这么一个时代。

这个时候，另外一个问题就出现了：过去，大家只相信中央电视台的权威发声。现在在网上看到的信息，你信吗？我们得先证明一下才敢相信，由过去的“你说我信”变成了“他说我证”。任何商家，直接在社会化媒体上发布信息是没有任何作用的，必须要有消费者来证明，消费者来说，这就是口碑。在社会化媒体时代，广告逻辑是不成立的，口碑逻辑才有效。传统的信息传播方式彻底没有价值了。

社会化媒体的出现，微信息模式的出现，让每一个人都变成了“媒体”，变成了一个信息传播端。导致的直接后果就是：权威话语权正在旁落，普通民众的话语权正在加强。我们可以找到很多这样的例子来证明。

当年的李天一事件发生后，迅速在网络上传播。

一个魏则西，引起众多网民声讨，直接导致百度股价下跌。

一位游客在论坛上发了一篇“我在青岛旅游时被宰了”的帖子，迅速发酵为全国性事件，“青岛大虾”成为全国人民的笑料，那段时间只要有人说“东西买贵了”，就会有人调侃“难道是青岛大虾”？物价局、工商局纷纷介入调查，整顿青岛的餐饮业。

不仅如此，对于“85后”“95后”的“新人类”来说，即使是权威媒体发布的信息，他们也未必全信。这代人是理性且务实的一代，他们对信息的接受是“他说我证”，甭管你是谁，只要“有事实、有依据”，就相信你。可能你发布一条信息，没人信，但若是配上照片和视频，那么大家才有可能信了。

这直接导致了营销方式的改变，过去仅靠砸广告就能带来品牌和忠诚，现在则必须要依赖口碑。

广告没以前管用了，这一点，很多传统经营者都感受到了。例如，苏宁云商集团品牌总监陈建光在接受《第三只眼看零售》时说的一段话：

“以前，要在某个城市做推广只要在当地最大的都市报投放广告即可，你传递的信息基本上大家都能看到。现在可不行了，光有都市报远远不够，你还得去找其他渠道才能实现受众的全覆盖。一家独大的时代早已经过去。”

事实上，这对很多普通企业来说反而是一个机会，因为口碑的形成成本很低。很多新创业者、微商创业者，就是因为善用口碑，以最低的成本完成了“逆袭”。但这一环，对传统经营者来说，反而是弱势。

事实上，信息传播方式的改变影响的不只是营销，还包括渠道。过去，厂商和品牌方严重依赖渠道，面对渠道的压价无能为力。人人都是自媒体，这就意味着，人人都可以成为渠道，这对零售行业也是颠覆性的影响，这一点，我们将在后面的章节中讲述。

人人都是自媒体，对零售经营者来说，既是挑战，也是机遇，关键是传统经营者如何应对。

人类进入网络疆域时代

如果你的身边有“85后”“95后”的人，你会发现一些不可思议的现象。

一个身在上海的“85后”妹子需要买一样东西，她有两个选择：在价格相同的情况下，坐地铁去另一个区买，需要花费半小时的时间；在京东上购买，第二天才能送达。但是她毫不犹豫地选择了网购。问她为什么不去店里买，她回了一句“太远了”。

用我们传统的距离学来讲，坐地铁出门，不超过十公里的路程，而她网购的那家店远在几千公里之外的新疆，为什么她会觉得前者更远呢？

一个“95后”的男生，迷恋玩手机游戏，他可以在王者荣耀里跟很多人称兄道弟，但是跟自己的邻居可能都没有打过几次招呼。他甚至可以数月不跟同学联系，但是离开手机一天就感到空虚寂寞。倘若你问他：“有朋友吗？”他会告诉你，有啊，他的朋友全是游戏里网络里的朋友，那些人可能散布在世界各个不同的角落。但是在他眼中，他们跟近在身边的朋友没差别。他的中学同学、儿时玩伴住得并不远，聚一下可能也就只需要一个小时的车程，但是如果你问他为什么不去看看老同学，他会告诉你太远了！

这简直颠覆了“60后”“70后”的认知！跟这些“85后”“95后”的“新人类”接触时，你会发现他们对距离的感受让人大吃一惊。

对于传统的经营者来说，商圈半径是一个多么重要的关键词。开店做生意，首先考虑的就是商圈的问题，这个地方能够辐射多大的距离，多少人群，是否繁华……这是决定店铺成败的最重要因素。因此，任何一个城市，黄金旺铺的租金也高得令人咋舌。

然而今天，我们会发现：对于这些“85后”“95后”的人来说，商圈半径这个关键词不管用了。如果你在北京、上海、深圳这些最繁华的商圈走上一遭，你会发现一个让很多传统经营者心灰意冷的事实，这些地方人来人往，客流量大得惊人，可是商场里的人数却寥寥无几。我曾经听一位渠道商讲过一个事：

他专卖店所在的商场，生意惨淡。租金那么高，人员工资那么高，却没生意，怎么办？为此他采取了各种方法，使出了浑身解数，例如给店员做销售技巧方面的培训，制定了各种奖励措施，但是收效甚微。在一次例会时，当他再一次使出心灵鸡汤，对这些导购进行思想教育时，有员工忍不住了：“老板，你说的道理我们都懂，可是这些没有用。不是我们不努力，也不是我们的业务技能有多差，而是根本没人进店啊！不信，你自己来蹲守一天试试？”他试了，还是在生意最好的周末，结果正如店员所讲，进店人数少得可怜。

世界上最遥远的距离，不是天各一方，不是跋山涉水，而是我的店铺就在你的面前，你都不愿意走进来看一眼……

世界上最近的距离，不是店铺就在我家门口，不是招牌有多亮眼，而是我的网店与你隔着千山万水，但是你的手机却与我同在，手指轻轻一敲就完成了交易……

“新人类”对距离的感受与过去完全不同，这是因为人类已经从传统的地域疆域时代过渡到了网络疆域时代（如图 2–2 所示）！

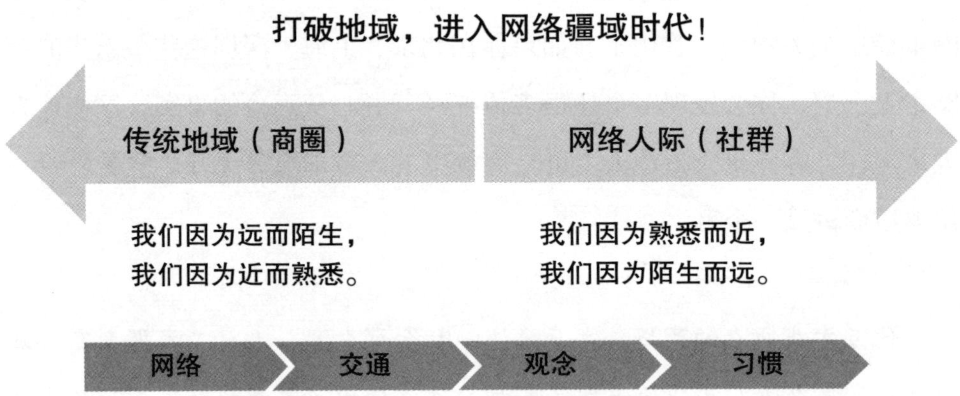

图 2–2 地域疆域时代到网络疆域时代的过渡

过去，我们因为远而陌生，我们因为近而熟悉，所谓“远亲不如近邻”，讲得就是这个道理。而现在呢？我们因为熟悉而近，我们因为陌生而远。因为熟悉，可以跟千里之外的人成为朋友乃至知己、挚友，因为陌生，邻居一起住了 3 年，却从不曾打过招呼的新闻已经屡见不鲜了。

过去，我们心目中的疆域是以距离、交通来定义的。我们的社交圈都是周围的熟人，例如近亲、同学、街坊等。现在呢？移动互联时代打破了时空疆域，人们根据习惯、喜好、观念等来界定新的疆域。例如，网络上有妈妈群，里面都是来自五湖四海的人，唯一的共同点就是都是孩子的妈妈，她们可以无话不谈、亲密无间；很多人，他们的实际距离非常远，却因为一款游戏走到了一起……我们会发现，网络人际（社群）已经取代了过去的传统地域（商圈）。

一根网络电缆，一部智能手机，将全世界各个角落的人连接在了一起。无论距离有多远，我们可以在同一家店买到同一款东西；我们可以把自己的商品卖到世界的任何一个角落；不同肤色和种族的人，甚至都可以在手机上视频聊天……

在互联网刚刚兴起的时候，就有不少专家提出了“地球村”的概念，那么这是否意味着疆域和界限已经不存在了呢？其实也不是。比如在网络世界中，美国华尔街白领和中国偏远农村的青年，他们关注的话题截然不同。尤其在社交网络中，“物以类聚，人以群分”的特征就更加明显。不同社群的人，对商品的喜好和需求也是完全不同的。

你用微信能认识 18 岁以下的人吗？你在微信里面能够找到几个 18 岁以下的人？几乎很难找到，因为他们就不太用微信，他们主要是用 QQ 刷空间动态、玩快手、玩抖音、用微博来追星。从一个商家的角度上讲，想找 18 岁以下的客户到哪里去找？到微信里找吗？那就是胡闹。因为那里没有你的主要客户群。

再说一个情况：纯粹从微信上讲，微信之内有没有疆域？微信之内也是有疆域的。举个例子：潘石屹、马云肯定是有微信群的，你能接近吗？我们明明知道所有的明星都是有群的，你能进去吗？

为什么进不去？因为不同的社群就是不同的疆域。比如说妈妈社群，一个大男人进去了会被踢出来，那是你进不去的疆域。所以我们会发现，过去的传统意义上的商圈正在被另外一个东西所替代，那就是社群，社群把人重新进行划分，我们过去是用地域来区分人，现在你会发现人是用社群来区分的，这个社群里都是大老板，这个社群里都是设计师，这个社群里都是 IT 程序员等。你会发现这种群没有地域之别，只有“物以类聚，人以群分”的界限。

可以说，在网络疆域时代，“人以群分”的现象将更加突出，消费细分化的特征将会更加明显。那么，这将对零售业带来怎样的革新呢？这是我们需要思考的问题。

第三章 >>>>>

新需求——产品已不再是产品本身

对于“85 后”“95 后”的消费者来说，
他们购买的不是商品本身，
而是商品的延伸价值，
他们会因为产品的气质而购买，
在“新人类”眼中，商品变得人性化了。

最近几年，“供给侧改革”是一个非常热门的话题。这个问题前几年就已经出现，但是从来没有像现在这么迫切。社会环境的变化，尤其是“新人类”“新中产”的出现，中国的供需比已经达到了超高位（如图3–1所示）。

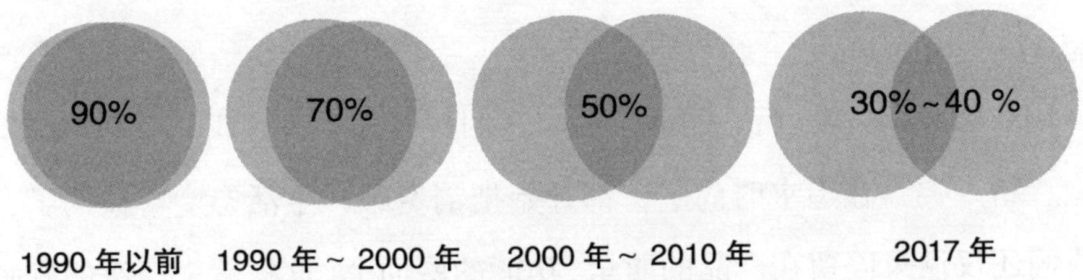

图 3–1 需求与供给重叠率变化图

这个图是我国供应和需求的比例变化情况。在1990年以前，我国处于商品紧缺的年代，那时产品只要生产出来就能销售出去，供需的重叠率达到90%。后来，随着商品的丰富，供需重叠率越来越低，现在已经低到一个惊人的数据：一半以上的商品将是永远卖不出去的。这对经济的发展来说是个巨大的打击，所以国家对供需矛盾必须进行改革。

为什么现在供需的重叠率会这么低？就像最近几年，大家总在喊经济不好。那么到底是哪些人在喊经济不好呢？有传统加工业的老板们，仓库里堆积如山的货卖不出去；有实体店的老板们，店开在市中心，一个月租金好几万，却没什么生意；还包括一些传统的大牌企业。

我遇到过一个做卫浴的老板，他告诉我他的水龙头质量有多好，5年内绝对保证质量。这家企业以前是一家很知名的企业，他的卫浴产品在十年前也是小有名气，但是现在的生意却一落千丈。是质量不好了吗？不是，他的水龙头质量依然是一级棒，品质甚至比十年前的更好了，但是外观却没有任何改变。反观市场上销售得好的水龙头形状各异，设计得五花八门，简直都快赶上艺术品了。

用“85后”“95后”的话来说，这叫“时尚”，这叫“生活态度”。看，“新人类”在追求时尚了，都开始把消费跟“生活态度”挂钩了，但是我们还仅仅只停留在产品的质量、功能的层面上，这样看来经济能好吗？

而像马云、马化腾，以及最近几年冒出来的那些商界新秀，他们会喊经济不好吗？在他们眼中，现在的经济实在是太好了。好多互联网创业新秀，只用了几年的时间就身价百亿，像一些做得好的网店店主、微商，一个月赚几十万的，在他们这些人眼中，经济实在是太好了！

观察一下，我们就会发现，那些天天喊着经济不好的人，全都是传统的商家。

传统的商家说经济不好，最大的原因在哪里呢？很多人会说，是因为没有人来买东西了。那么，消费者消失了吗？消费者都把钱装进口袋不消费了吗？

人口还是13亿，这一个片区、这一个商圈的人还是这么多。消费者，尤其是年轻人，越来越舍得花钱了，一百多块钱看场电影，座无虚席，刚上映的电影一天就票房过亿。有一项调查报告显示：中国新一代的消费者有向欧美韩日看齐的趋势，特别是“95后”，他们特别敢花钱，甚至敢借钱消费。在十年前，超前消费（主要是透支信用卡）还非常少见，然而在今天，超前消费对“95后”来说绝对不是什么新鲜事。以前的人买房买车分期付款，现在的“95后”买一部手机都要分期付款。消费金融的兴起，也证实了人们的消费欲望在增强。

经济并没有变坏，那么为什么传统商家没客户了呢？到底是哪些人不去消费了？

如果去卖服装的商场里走上一圈，你会发现大部分都是中老年人。为什么传统的店铺吸引不了年轻人了呢？很多人说是因为商场的东西太贵。但实际上，一些小众的设计师品牌、天猫上的一些原创品牌，他们的东西不比商场的便宜。

我就这个问题问过“85后”“95后”，有个姑娘的答案比较具有代表性。

“商场里的衣服都太丑了，一进商场，一股乡土气息就扑面而来，那些衣服的款式和质感，感觉还停留在20世纪90年代。其实，商场赶上打折季时，东西也不贵，我每次去逛都是抱着把钱花出去的态度，但是逛了一天还是一无所获，实在没有看得上眼的。最关键的是，试穿了万一不买，还挺不好意思的，所以后来就几乎不再去了。”

年轻人给出了他们不进店的理由：一是没有他们想要的产品；二是没有他们想要的购物环境。

矛盾就在这里：“85后”“95后”老觉得没有东西买，有钱没地方花，他们走在大街上，看到琳琅满目的商品，却激不起任何购买的欲望。与之相反的是，“60后”“70后”的经营者却急得团团转：我们的产品怎么没有人买呢？

这里就涉及了一个问题：传统商家产品的“卖点”跟新一代消费者的“买点”已经完全脱节了。

在市场营销学中，主流消费人群的年龄为 25～35 岁，正好对应着“85 后”“95 后”。我们做大众消费品的人，“85 后”“95 后”是我们的主流消费人群。但是现在经营者还是按照“60 后”“70 后”的需求来定义产品，没有人来为“85 后”“95 后”这代人来定义产品。在这种情况下，供应和需求能不严重失衡吗？

我在做培训时，一个企业家跟我说：“童老师，我们最近新研究了一个超牛的产品，把马桶盖成本降低到了 5 元钱。”我问他是怎么做的，他说他们用秸秆回收利用的技术做了马桶盖，从而降低了成本。

可是事实呢？我看到很多“新中产”人打着飞的到了日本去买马桶盖，马桶盖售价 5000 元，但他们却很愉快地掏钱了。

可见，当前市场需求和供给是多么不匹配。传统的企业家拼命用废旧塑料、回收塑料来做原材料，每天研究的都是怎么把成本降得更低，怎么在淘宝卖更低的价格，而新一代的消费者打着飞机去买更贵的东西。这种情况经济能好吗？

这还不是最可怕的，我们可以回忆一下，“85 后”是从什么时候开始不去商场的？大概是在 2012 年中开始的。但是现在的问题是连“70 后”都不去了，渐渐地连“60 后”也不去了。因为现在“60 后”“70 后”越来越向“85 后”“95 后”的消费方式靠拢。再过 5 年、10 年，传统经营者连“60 后”“70 后”的市场都会失去。传统渠道经营者看不到未来，原因就在这里，不只是年轻的人消费需求、消费行为习惯改变了，就连老年人的消费行为习惯都在向着新一代的消费者看齐。

单纯讲功能的时代已经过去了

传统经营者的产品“卖点”跟新一代消费者的“买点”完全脱节，所以传统渠道经营者生意难做。过去的产品讲功能、讲质量，而现在单纯讲功能的时代已经过去了（如图 3-2 所示）。

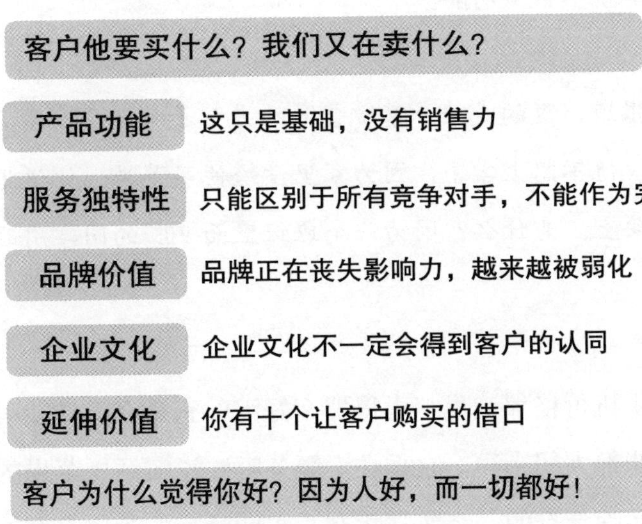

图 3-2 销售与购买不对等的需求和卖点

"60后""70后"的消费者最看重什么？在20世纪90年代以前，大家只看功能，是否实用、质量、性价比等。从20世纪90年代起，大家开始有了品牌的概念，这一时期涌现出一大批国产名牌。2000年后，竞争日益加剧，这时，先知先觉的商家开始从服务的独特性上做文章，出现了一批成功的企业，如海底捞等。再后来，一些企业认识到企业文化也是加分项，开始打造企业文化。

现在，"85后""95后"的消费者看重什么？图3-2是前两年的一个调研结果，从中我们可以看到：对于"85后""95后"来说，功能只是基础，几乎没有销售力，在购买的比重中只占2%，服务、品牌、企业文化的作用也大大弱化。所以，传统经营者觉得生意难做的原因就在这里：很多传统商家砸了大把的钱去做广告，广告的内容只限于讲功能，但是新一代的消费者根本就不看重功能。

有一个新闻报道，说的是一个家境普通的男孩子考上了大学，临近开学时却跟父母说，他不想上学了，因为家里没给他买苹果。他说不买苹果三件套，这学没法上。为什么？因为一个班级里面90%的同学用的是苹果三件套。

为什么苹果手机价格那么贵却卖得那么好呢？它是在卖功能吗？市面上所有手机的功能都大同小异。它是在卖服务吗？说实话，苹果的服务并不比其他的好。品牌是有的，企业文化在乔布斯活着的时候是有的，现在也慢慢弱化了。人们为什么买苹果？例子中的这个男孩在买什么？

他在买年轻人炫耀的东西，买面子、潮流、社交……买的是那些说不清道不明的东西，这些统统归结为“延伸价值”，也就是产品之外的价值。

前面我们提到的锤子手机的创始人罗永浩，他说要开始做手机，然后还没开始生产，就已经众筹了一千多万元。人们为什么要支持他，是因为他的手机功能好吗？显然不是，他们买的是情怀。即使最后拿到的手机功能不太好，却还是坚定不移地会买第二部，为了情怀，为了支持锤子。

传统经营者在塑造产品卖点的时候，还停留在产品的功能上。想要面向“新人类”，则要将产品的功能、外观、服务、品牌、文化等集合在一起，在此基础上满足他们的需求，这才是产品真正的卖点。

大家耳熟能详的脑白金，它的实际成分是褪黑素，安眠药里面的一种成分，主要作用是促进睡眠。你说它的功能强吗？老年人经常睡不着觉，身体就会不好，睡好觉身体也会变好，从这个角度上讲它有点用，但也没有特别明显的功能。

那么，脑白金在卖什么呢？脑白金的营销策划在塑造卖点的时候，一直在强调一个东西——孝心。

很多人明知道这个东西没什么用，但还是会买，因为买的是自己的孝心。中国人表达感情素来含蓄，没有人会扯着嗓门跟长辈说：“我回来孝敬您了。”但是当他们把脑白金买回去往桌子上一放，父母就明白了。电视上天天都在喊“孝敬父母脑白金”，电视已经把长辈教育好了，在他们心中脑白金跟孝心已经画上等号。

这就是脑白金的聪明之处，它不是卖功能，而是卖延伸价值。客户需要的是一个向父母表达孝心的机会，而脑白金公司用产品帮大家说出了那句话，所以它成功了。脑白金是最好的产品吗？不一定是。但脑白金是有史以来卖得最好的保健品。直到今天，许多人回家过年照样会买。

过去卖产品，用功能诉求就可以了，但是现在对“85后”“95后”来讲，单纯的功能诉求不管用了，而是要把商品、内容和服务三合一。

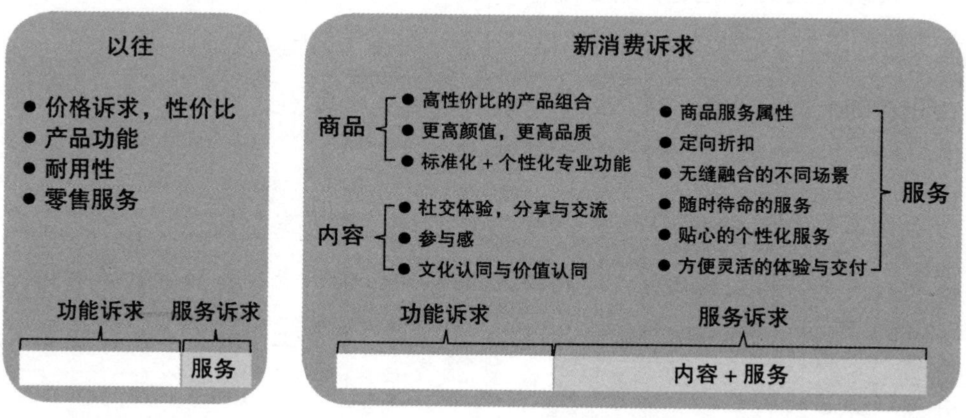

图 3–3 消费者诉求变化

我们可以看到，图 3–3 所显示的新消费者的诉求中，多了很多莫名其妙的东西，如参与感、文化等。现在新零售的经营者们，很多卖产品的不像是在卖产品，而像是在卖内容；卖内容的不像是在卖内容，而像是在卖服务，这是新时代下的常态。对于“新人类”来说，一个产品没有附加服务和内容时，它就不是一个完整的产品，必须要有内容，这成了一种标配。

怎么理解呢？我们来看下面这个例子。

我们说白酒是最平常的东西，但是最近出了一个特别火爆的品牌叫江小白。既像是卖白酒的但又不像是卖白酒的。因为它在每一瓶白酒上放了各种标签，各种心情。对于消费者来说，喝江小白就是喝不同的心情。比如今天，他喝的是哥们、朋友间的肝胆相照，下回他是独饮自己的乡愁，再下回他喝的是寂寞。江小白就是典型的卖文化，酒只是一个载体，它卖的是各种情绪，各种情怀，卖的是品味，很受新消费者、“新中产”的欢迎，很多“新中产”喝白酒必喝江小白。这就是最典型的把商品和内容合二为一。

三只松鼠最近几年也特别火，它跟江小白类似，卖核桃的不好好卖核桃，天天卖段子，在你的包裹里给你集成各种心情，这也是将产品和内容合二为一。而像传统经营者那样，只是简单地把产品放到货架上已经行不通了。

经营客户就是经营客户需求

将服务、内容和产品三合一，才能真正满足新一代消费者的诉求。这就要求我们企业经营者的整个经营逻辑都要彻底地转变。

图 3–4 体现的就是两种完全不同的经营逻辑。

我们的传统经营者停留在经营产品上，只要你是以经营产品为中心的，那么自然就会使用广告、促销加推销这套逻辑。

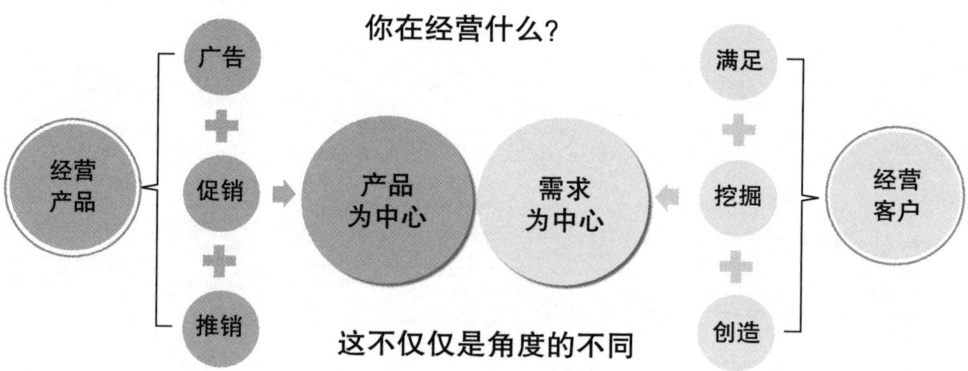

图 3–4 两种不同的经营理念

而新一代的经营者，他们是以经营客户为中心的，那么他们会不断地挖掘客户的需求，满足和创造客户需求。

角度不同，就意味着落地的经营方式也完全不同。

假如我们是以产品为中心的，那么我们必然无法满足客户的需求，也无法挖掘客户的需求。为什么呢？因为产品就是产品，是不会改变的。这个专卖店是我家的，产品是我家的，那么我只能把它摆在这儿，只能等着需要的人上门来买。

假如我们是以经营客户为中心的，就应该先去发现、挖掘客户的需求，按照客户的需求来生产产品。

现在有很多网店、电商，比如京东，经常会超过 3 天以上配货。打开淘宝，里面很多都是预售，这是什么原因？因为库房里根本就没有货，他们先把产品的图片、虚拟的信息放出去，等到客户达到一定的数量才进货。

这就是以经营客户需求为中心，有了需求再去采购，这是新一代的经营者所运用的逻辑。一旦进入这个模式以后，经营方式就彻底不同了。

“新人类”的需求到底是什么

马斯洛的需求理论很多人都知道，传统经营者基本上都是从第一层开始经营的，产品就是满足最基本的生理需求。例如一块饼干，只要能吃就可以；一间房子，只要能住就可以。但对于“85 后”“95 后”的“新人类”来说，他们早已经不再满足于生理需求。“新人类”最低的需求已经是社交层面的需求了（如图 3–5 所示）。

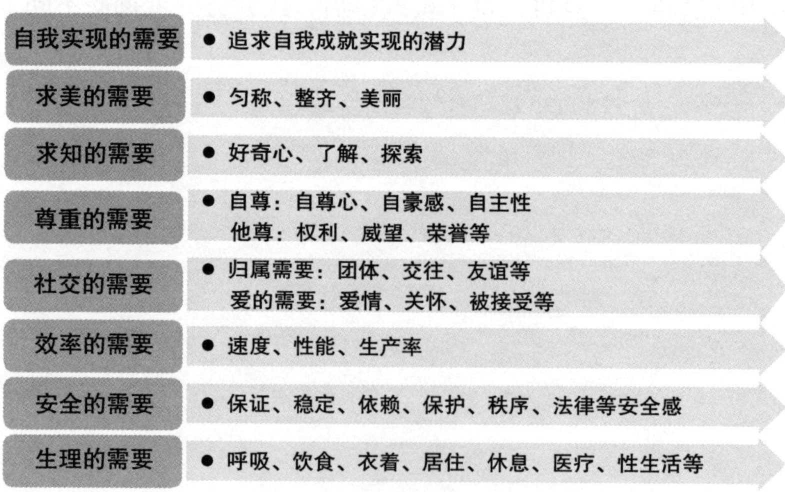

图 3–5 扩展后的马斯洛需求层次

第四章 >>>>>

新产品——新零售时代，产品还重要吗

很多传统经营者为了转型，可谓使劲了力气：

在渠道上做文章，在场景上做文章，在体验上做文章，在营销上做文章……

然而，他们却忽略了一个最本质的问题：

很多时候我们的东西卖得不好，是因为产品本身就不是“新人类”喜欢的样子。

“新人类”眼中的好产品长什么样？

单纯强调功能、质量、价格、品牌的时代已经过去了，

情怀、情感、质感、个性、潮流，

“新人类”对产品延伸价值的追求永无止境……

关于新零售，说法各异。有的从经营环节来讲，主要强调怎么构建场景；有的从管理角度来讲，主要讲怎么降低库存、提升效率；有的从渠道角度来讲，主要强调电商，或者线上线下相结合；有的从营销角度来讲，主要讲怎么做自媒体，怎么自我营销，怎么分享。那么，在新零售时代，产品还重要吗？当然重要，但不是产品物质本身重要，而是产品要满足人需求的那些要素更重要。

在传统经营者学习新零售的过程中，我们看到了很多失败的例子，它们失败的原因大多是只追求形式，而忽略了产品这个本质问题。

很多品牌知道新零售是线上线下相融合，但是在实际操作上，却只是简单地把线下产品搬到线上，卖的还是旧产品。由于产品不合“新人类”的口味，最后陷入了价格战。而网络上的价值更为透明，比价非常方便，价格战比线下更惨烈，所以结果可想而知。

其实在我看来，最大的问题是“新人类”对产品本身的不满意。传统渠道普遍产品更新速度慢，就像很多“85后”“95后”认为商场里的衣服不够时尚。线上渠道也存在产品的问题，以淘宝和天猫为例，它们是以价格为中心的，为了价格必然要牺牲产品质量、牺牲材质。最终的结果却是让商家失去了大量的中高端客户。京东能够异军突起，就是因为它抓住了这个商机，它看到了淘宝上的产品已经不能满足中国白领阶层和精英阶层的需求。现在三线城市以上的地方，淘宝已经不是主流了，而是下沉到很多农村和偏远地区，主流城市的人大都转移到京东、唯品会等平台。

其实无论零售业态如何变化，商业的本质仍然是满足消费者的需求，实现商品流通。在这个过程中，产品依然是第一位的。人人都说，小米的成功是因为它的营销很强大。但是雷军本人在谈小米时却认为：小米的成功是因为产品组合和爆款，小米做出了几个家喻户晓的爆款，产品本身征服了用户，因此一个单品就贡献了超过一半的业绩。

互联网时代的一大特征是个性化，人人都是内容的生产者，人人都渴望个性、独特，这促成了新一代的消费者对产品尤为重视。他们不仅对产品的要求很高，甚至希望产品是为自己生产的，这家店就是为自己开的。早期，也有一批商家捕捉到了这种趋向，进行了自我革新。

知名运动品牌Nike，早早地就启动了顾客参与设计的服务，并将这服务统称为“Nike ID”。这项服务有专属的官网，顾客可以在官网里对钟爱的球鞋、服装和运动配件进行个性化设计，通过选择多种颜色配色和材质，并加入个性化的符号，设计出一款专属于自己的产品。Nike ID诞生于1999年，并于2008年在中国线上推出。

奥利奥最近推出了一款新型的唱片机，当消费者将饼干放进音乐盒后，它会播放歌曲。每吃一口奥利奥，音乐盒会根据饼干的大小自动切歌。另外，它的一角还有一个录音按钮，消费者能够录下声音。对于那些希望传递祝福的消费者来说，这会是一个很温馨的功能。原本准备的2万个奥利奥音乐盒在12小时内销售一空，第二批补货的4000台上架之后也被火速抢完。

由此可见，新零售时代，消费者依然只会为自己满意的新产品买单。在零售业的转型中更要坚持商业的本质，即丰富商品供给，创造和满足消费需求。所有参与者都需要思考产品“新”在哪里的问题。

以谁的名义升级换代新产品

现在经常讲一个概念叫“产品升级换代”，但取得的成果并不显著。实质上，这涉及一个根本问题：以谁的名义来更新换代，以谁的需求来做产品换代。

目前，绝大部分企业，包括一些知名品牌，都在强调更新换代。比如海尔冰箱，我们会发现它更新换代后的产品，依然是以“60 后”“70 后”和部分“80 后”的需求为坐标。且不说功能，单是冰箱的颜色和外观，一看就不是年轻人喜欢的风格，只是做得更“高大上”了一点。

很多传统经营者的思路就是：我想创造一个产品，我想研发一个产品，我不断地优化它，优化得差不多了就推向市场，这样的产品在当下往往是卖不好的。

大家在做产品换代的时候，没有把握住这个核心逻辑。那就是未来的产品经营一定不是以产品为中心的，而是以客户为中心的。

如图 4–1 所示，传统的经营者是以产品为中心的，它面向的是大众人群，而且主要消费者参照坐标是“60 后”“70 后”；而新零售要求以客户为中心，它面向的是有特定需求的个性化小众人群，需求人群坐标主要是“85 后”“95 后”。

以产品为中心	以客户为中心
面向大众	面向特定人群
需求坐标“60 后”“70 后”	需求坐标“85 后”“95 后”
经营以公司现有资源	经营以整合最适当资源
核心卖点为功能	核心卖点为延伸价值
价格优势	提炼价值

图 4–1 产品经营中心

一个最典型的例子 vivo 和 OPPO。

vivo 和 OPPO 手机这几年卖得很火，这两款手机是同一个老板。两款手机的总销量超过了华为。他在做这款产品的时候不是自己闷头搞研发，而是面向“85 后”“95 后”的需求来做研发。他们先做市场调查，了解了这一群人喜欢什么颜色，喜欢什么样的外观，最看重哪些功能，然后来设计一个产品，设计好了之后甩给一家整合技术的研发型公司，当技术指标之类的参数敲定之后，甩给一家 OEM 工厂，例如富士康替他们生产。

他在做这款机器时，一开始的定位就非常精准，就是卖给“90 后”的。它的整个设计，包括颜色、亮度等，都是按照“90 后”的喜好来进行的。比如，它的美颜相机，很多人买 OPPO 就是看中了它的照相美颜功能。

传统的经营者是以产品为中心的，因此在经营的时候都是以公司现有的资源为基础。公司的资源能生产什么就生产什么。比如，公司有一条生产线，那么就做一条生产线的产品。比如，公司的生产线是做衣服的，那么就不可能去生产鞋子；再比如，公司的生产线比较简陋，那么就生产一些低端的产品，自己的工人技术能力不行，就只能生产低档或劣质产品，再想办法把它卖给低端的市场。

新零售是以客户为中心的，在经营时根据客户需求来整合最合适的资源。以上面的 OPPO 为例，它先调研“85 后”“95 后”的需求，再根据这个需求，去找相应的设计公司、研发公司、代工厂，整合一切合适的资源。

同样的，当经营者以产品为中心时，那么他必然会以产品本身的功能来定义产品的卖点。但是当你以客户需求为中心做这个产品的时候，你就已经考虑到客户的需求，那么必然会以客户的需求来定义产品的卖点，比如 OPPO 就牢牢抓住了“90 后”的心。为什么海尔、联想很出名，却卖不过 OPPO 和 vivo？“老品牌”甚至被“95 后”戏称为“老人机”，你会发现海尔和联想都在卖手机，然而 OPPO 在卖拍照、卖美颜、卖时尚。

当你以产品为中心时，就很容易陷入价格战。比如，海尔的机器卖到六七百块钱还是卖不出去，但是 OPPO 卖 3000 块钱还是有很多人买，因为它在卖“需求”价值，而不单是产品。

这就是我在这本书的序言里要先定义一下新零售概念的原因。我的阐述角度是以人为中心，新零售的本质是因为人改变了，因为消费者变得不一样了，所以零售业的形态和经营逻辑也彻底改变了。在产品升级换代时，一个本质的问题就是，经营者脑中的目标客户群是谁？新一代的经营者，脑子里出现的是一张一张的娃娃脸，是“85后”“95后”的脸，而不是“60后”“70后”脑子里的那些跟自己同类的中年人的脸，这是最根本的差别。

“新中产”到底需要什么产品

“新中产”到底需要什么产品呢?

根据图 4–2 所示，“新中产”对产品的诉求跟过去已经完全不同，他们追求个性、外观及价值延伸。在他们眼中，产品已经不再是纯粹的一件物品，而是赋予了情感、文化、生活品位、个人气质等很多复杂的东西。

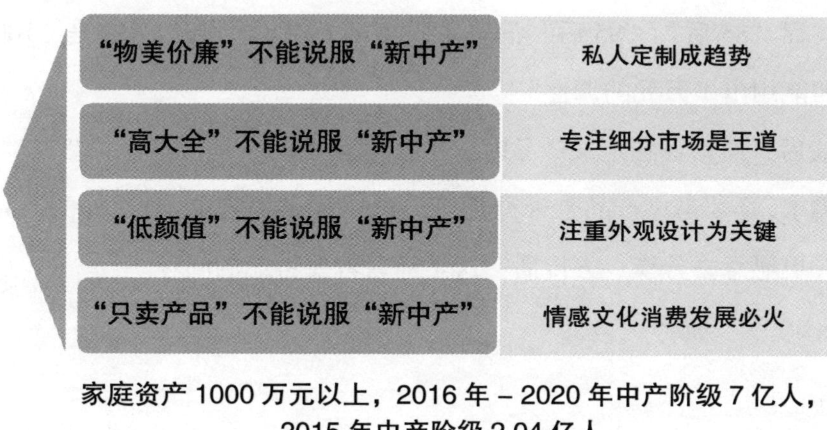

图 4–2 “新中产”对产品的诉求

传统经营者所理解的产品是价格低、更便宜，他们苦心钻研的是如何降低成本，把产品做得更便宜。而另一方面，新型消费者却找不到他们想要的产品，只能去国外购买。传统经营者对好产品的理解跟“新中产”对好产品的认知，完全不在一个水平线上。

如何做出“新人类”喜欢的产品呢?

首先，我们必须认识到一点：“新人类”追求的，不再只是产品本身，而是产品背后的延伸价值。对于“新人类”来说，产品不再只是一个吃、穿、用的东西，还是一个社交工具，包含了“炫耀”“认同”等多种心理。可以说，“新人类”对产品的需求点跟过去完全不同。

其次，“新人类”愿意为优质产品买单，“物美价廉”不再是他们的主要关注点，他们普遍认同“优质高价”，愿意为更好的东西花更多的钱。就连性价比，“60 后”“70 后”消费者的观念跟“85 后”“95 后”都完全不同，过去消费者眼中的“高性价比”往往是指“质量对得起价格，超值”，而“85 后”“95 后”消费者眼中的“高性价比”指的是“1000 元的东西能用出 1 万元的调性”。

最后，经营者在定义产品时，不仅要考虑产品是否符合“新人类”的使用需求，还要考虑产品是否符合“新人类”的传播需求。什么样的产品“新人类”更愿意去分享、去传播？这是经营者要考虑的问题。

“新中产”眼中的好产品长啥样

有机构做过调研，产品最主要的是品质。但是“新人类”眼中的品质不是耐用，而是调性。它包含了情怀、体验、专业等很多内涵，甚至把设计师的名字都包含进去了。例如，日本有个很著名的设计师黑川雅之，只要是他设计的东西，年轻人都爱买。

“新中产”眼中的好东西，跟过去是完全不同的？在此，我们做一个类比（如图 4–3 所示）。

图 4–3 “新中产”眼中的好产品

一提到清扫，“50 后”会想到竹制扫把。“60 后”“70 后”会想到塑料小扫把，但是“85 后”“95 后”会想到吸尘器。

现在所谓的品质，我把它变成了 6 个词：形态、外观、颜值、材质、质感和调性，这跟我们传统所理解的产品完全不同。很多传统经营者就是不明白这个道理，所以他们不管怎么做产品升级换代，却始终都做不出“新中产”感兴趣的东西。

“新人类”不会为了产品的功能而买单，他们更愿意为产品的气质买单。产品也有气质吗？传统经营者的脑海里压根就没这个概念，这对他们来说是认知上的盲区。

什么是气质呢？说白了，就是独特的个性、风格、品位等。一个人有某种独特的气质，可以立即把他从人群中分辨出来，即便他的相貌很普通；一个产品有个性，可以让人一下子从众多产品中将它辨认出来。简单地讲，产品气质就是产品独特的魅力，让人过目不忘，甚至一见钟情，产生情感上的共鸣。一个典型的例子就是当年的苹果手机，因其外观设计独特、有格调，一下子征服了大多数年轻消费者。

再例如，淘宝上的很多原创店铺之所以能成功，就是因为他们有自己鲜明的气质和风格，所以培养了大批忠实粉丝。例如，一家做简约风的店铺，它的每一件衣服都是简约中带点小亮点的款式，走进它的店铺，第一感觉就能将它与其他店铺区分开来，这种独特的气质，非常吸引追求这种风格的消费者，通常让此类消费者一见钟情，产生“你真懂我”的感觉，甚至形成情感上的共鸣，消费一次就变成了忠实粉丝。

第五章 >>>>>

新营销——传统营销思维和手段必死

“新人类”只信口碑，不信广告，
口碑信息的浓度往往决定了销量。
单纯依靠“广告轰炸”的传统营销方式必死，
取而代之的是社会化营销，
让客户主动帮助传播，开启客流自循环模式，你就是赢家。

移动互联网的普及化，微环境的出现，“新人类”消费行为的转变，意味着整个营销逻辑也要彻底颠覆。传统的营销手段已经过时了，但这还不是最根本的，最根本的是传统营销的思维方式本身就有问题。

传统的营销是一套怎样的思维逻辑呢？让我们先来看一下图 5-1。

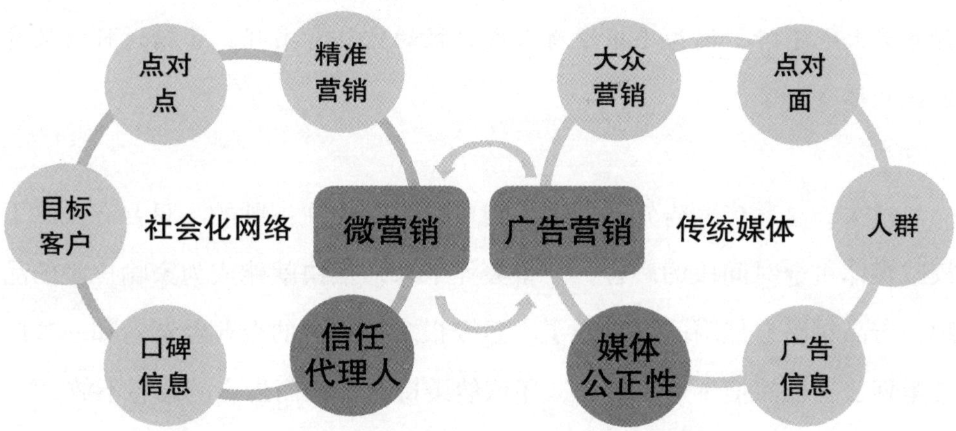

图 5-1 传统营销与微营销思维方式的差别

首先，传统的营销方式是面向大众人群的，属于媒体型营销模式。也就是说我有一个产品，想面向所有人群去营销，可以通过一个媒体发布会让亿万人看到，也就是点对面的一种营销方式。

把某个产品广告投放到中央电视台，央视某个时段的收视率是两个亿，那么这个广告在这个时间里播放就是面向两个亿的人群去营销。

那消费者为什么会相信这个信息是真的呢？它依靠的就是媒体的公正性。因为它是中央电视台，如果我们连国家的电视台都不相信了还能相信谁呢？

在人民日报上做广告肯定比在小报上做广告效果要好，即便是小报发行量更大也不行，因为小报没有人民日报的信任背书强，营销说服效果肯定就没那么好了。

过去，这套广而告知的营销逻辑可以说是无往不胜的。只要有钱拿下权威媒体黄金时间段的广告，一番轰炸下来，很快就能成为家喻户晓的品牌，产品销路自然瞬间就打开了。至今很多年龄大的企业经营者和一些广告策划公司依然信奉这个套路，还依然秉持这个广而告之的思想不放。

但是今天我们发现，这套思路越来越不管用了。因为消费者本身改变了，今天的消费主流人群已经是“85后”“95后”，他们几乎不看电视、不读报纸，他们每天依靠各种社会化媒体和平台获取信息，他们只相信口碑不相信广告。

现在是社会化媒体平台的时代，人人都是自媒体，我们获取信息无须在那些中心化的公共媒体得到，我们可以从身边朋友的朋友圈，好友发布的信息中获取。

这意味着过去建立在公共媒体上的“营销逻辑”也将发生彻底的变化。

首先，你无法面向所有人强行推送广告了。其次，谁能说“我建一个自媒体账户，14亿中国人都会加我”，谁也做不到，那么我在做营销时，只能是希望找到那些最精准的用户，也就是最有可能买我东西的人能够进入我的自媒体账号来就行了。

然后，自媒体时代，信息传播的载体不再是平台，而是人。

这当中有一个问题：利用社会化媒体传播时，我们最先打动的应该是谁？是消费者还是信息传播者？显然应该是传播者。在微信朋友圈，只有传播分享的那个人转发了信息或文章链接，他朋友圈的人或社群中的其他人（包括潜在消费者）才能看到。

因此，微营销的思维逻辑跟过去的传统营销完全不同：在做营销时，不仅需要考虑如何打动目标客户，还要考虑如何打动传播者。也就是，你能说服哪些人帮你去传播信息，如何打动那个人帮你转发有关你的信息，这点非常关键。

这个时候的传播，不再是点对面的方式（过去你只需要考虑媒体的发行量或收视率有多大），而是点对点的方式（也就是你能打动什么样的人帮你传播信息，因为那个被你打动的人帮你转播了信息，才会有更多人看到你的信息）。

这当中还有一个逻辑：帮你传播、分享的那个人，他背后的社群不是你的目标客户，那么他的传播同样没有价值。例如，你卖的是高档奢侈品，一个菜农去帮你传播，有效果吗？他能接触到的人就是他周边的类似菜农群体。因此，在微营销中，分享者背后的社群一定要是你的精准客户，不能是广泛的人，这就是我们所讲的精准营销。

从传统的大众营销到精准营销，这个链条特别复杂，比以前复杂得多，如何控制每一个环节是挺难的事。营销不再是拿钱在媒体投放广告这么简单了，这种用钱解决问题的营销方式一去不复返了。

为什么现在很多传统企业做不好营销，原因就在这里。

很多企业开始尝试在网络上投放广告，在社会化媒体上投放广告，包括自己经营公众号、朋友圈等，但是没有达到理想的效果。原因就是他们虽然使用了一些新的营销平台，但思维还是过去的那一套：只是在朋友圈里发一个信息，在公众号群发一个信息，跑到一个群里丢一条广告，在各种自媒体上投放赞助广告……却忽略了一点：别人为什么会相信你的信息？凭什么信任你？在传统的营销逻辑中，信息的公信力是来自于公共媒体。

而社会化媒体中，公信力是来自于传播的那个人。这条信息来自于什么平台（比如某一个公众号）并不重要，重要的是这条信息是由谁来传播的。一个与自己无关的人传播的，我们肯定不信，朋友分享的，说这个东西不错，我们可能就信了。

基于这个营销逻辑，整个经营逻辑都不一样了。

过去企业可以把营销外包给广告公司，现在不行了，因为现在的营销是点对点的，个性化的，是需要对人际进行经营的，特别要经营好两条关系网络，传播关系网和影响力关系网。别人不了解你这家公司，如何对你产生“口碑”，如果没有忠实客户的“分享”，就更不可能产生口碑了，那分享过程和分享的信息链是如何产生的？没有经营就不会产生传播，那你如何做好微营销？

这里面还有一个核心问题：通常愿意帮你传播信息的都是你的忠实客户。客户是企业的核心资源，你能放给别人去经营吗？别人能经营好你的客户吗？不可能的。所以，微营销无法外包，微营销变成了企业经营中很重要的一环，也可以说经营微营销就是经营客户口碑和分享，如果企业没有把微营销纳入到经营体系中的话，它就做不好微营销。

口碑信息的浓度决定销售量

过去我们衡量营销的成果，主要是看广告的传播力。原则上讲，花的钱越多，做的广告越多，效果也就越好。所以过去的营销逻辑非常简单，只要有资金，选对媒体，效果就不是问题。

那么现在呢？如何定义微营销的效果呢？口碑信息的浓度决定了营销做得好不好，也直接决定着销量。通俗点说，就是网络上有多少人在谈论你。以明星为例，明星需要做广告，不管这家经纪公司发了多少条通告并不重要，重要的是上热点没有，也就是有多少人搜索你了，有多少人热评你了。

移动互联网时代的营销，广而告之还远远不够，关注度高，口碑越多，营销的效果才越好，这是一个颠覆（如图 5–2 所示）。

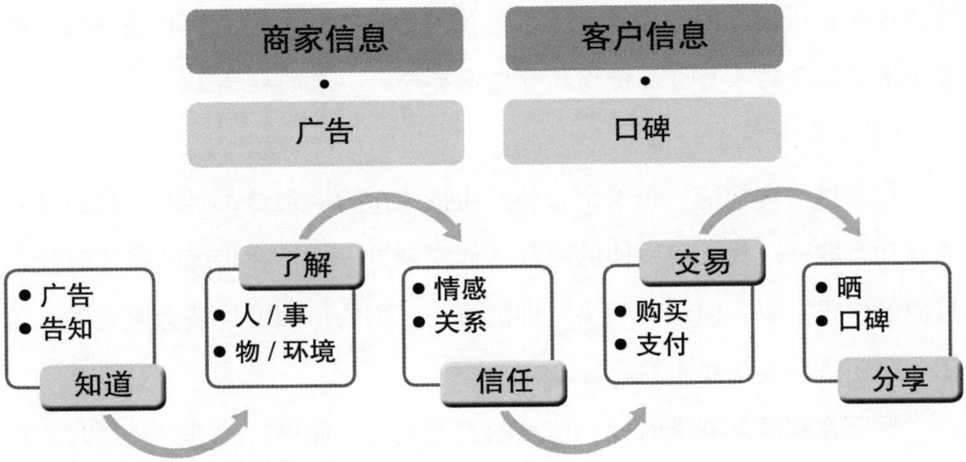

图 5-2　口碑信息的浓度决定销售量

商家信息我们称为广告，客户信息称为口碑。广告只能让客户知道，而口碑可以令客户信任。因为口碑是由客户传达的，有情感和关系在里面。实际上，口碑营销古往今来一直被认为很有效，所有的经营者都很看重这一点。

小米刚开始做手机的时候，就没有用广告营销的模式，而是利用社区和社群口碑营销的模式，无论是F码、预订销售，还是秒抢，包括手机的低定价，都帮他们制造了大量的口碑效应，特别是在各种专业社区和社群里一些"专业技术人员"的评测与其他手机性能的对比数据等，让技术小白们发现小米如此高的性价比，让很多的大小学生和理工科出身的白领们成为它的铁杆粉丝。他们不但自己使用小米手机，还帮它传播，然后这个传播者的亲戚同学朋友也被营销跟着使用小米手机。如果没有这一点，光靠小米公司营销人员自己传播，肯定没有今天小米的成就。

产品好口碑效应一旦发酵，将产生巨大威力。但这都是因为我们进入了移动互联网时代，自媒体的时代才能实现这一切。在传统的媒体时代，口碑虽然很重要，但起不到决定性的作用，因为口碑的传播力度有限，营销主要还是靠大众媒体的广告。

然而在移动互联网时代，信息的高度共享，使得口碑可以超越时间和空间的限制。例如，消费者不仅可以看到朋友分享的口碑，还可以看到全国各地的人所分享的口碑；不仅可以看到刚刚形成的口碑，还可以看到几年前的口碑。不仅如此，消费者还可以跟口碑的分享者互动交流。对于这些“85后”“95后”的“新人类”来说，广告对他们几乎不起作用，口碑往往是他们购买的主要依据，所以口碑的信息浓度决定着销量。

淘宝上排名靠前的商品，往往也是口碑和客户评论最多的商品。淘宝里同类销量第一的产品，它的口碑信息大都超过一万条。相反，跟它一模一样的东西，即使价格比它便宜，但是如果口碑为零，它的销量往往也是零。正是因为口碑信息太重要了，直接催生了“刷单族”这一职业的产生，甚至引发了部分店铺赔钱挣口碑，给客户返利挣口碑等令社会褒贬不一的竞争行为。

在一些大型购物中心的饮食区，有些店铺排着很长很长的队，最夸张的店铺排队时间可能超过一小时，有些店铺却门可罗雀。如果你仔细观察就会发现，那些生意爆棚的店，不是因为它们在公共媒体上做了多少广告，发了多少传单，而是因为它们在大众点评、美团、美食论坛等APP上有大量的口碑信息。

当今的娱乐圈有一个新鲜词汇叫“流量”，如“流量小生”“流量小花”等。这些人有一个共同的特点就是粉丝众多，网络上的话题性很足，常常上热搜，关注度比较高。笼统来说，就是他们的口碑信息浓度很高。这些人可能演技并不好，作品并不多，但却非常受投资人欢迎。因为他们有自来粉能带动票房收入，也就是他们自身能给电影和电视剧带去流量。

这几个例子有一个共同点，都是靠口碑信息浓度取胜，都是“85后”“95后”在消费。无论是淘宝上的销量爆款，还是那些餐厅前排队的人，或者支持流量明星票房的人，都是年轻人居多。从中我们也可以看到，新一代消费者对口碑的重视和依赖。

前面提到过的小米手机，在一年前或是两年前，我们可以在任何地方看到关于小米的信息，这就是它的口碑影响力，那时小米手机的销量也非常好。但是最近一两年，小米在各种社会化媒体上的信息明显变少，也就是说它的信息浓度在降低，同时小米公司的销售额也在下降。

当没有足够的人去谈论某个产品时，它的口碑信息浓度就会降低，销量也就下降了。因此，营销要从过去的商家发布广告转变到现在的让客户参与其中。过去的营销是广告可以覆盖多少人群，现在的营销关键是有多少人愿意谈论你。

信任代理人成为企业经营的重要对象

口碑信息的浓度决定着营销的效果，也决定着销售额。这意味着整个营销的逻辑和思维方式也全改变了。过去在传播信息时，只要信息本身足以说服客户就可以了，那个时候对传播内容的要求就是广告本身制作得很吸引人。但是，现在这么做还远远不够。因为你要说服的不只是客户，还有分享者，你要让信任代理人成为企业经营的重要对象。

如图 5-3 所示，在传统的营销中，信息传达给客户主要靠广告。而现在则复杂得多，说服分享者变得十分重要。这看似简单，实则非常不容易。当客户看到一个信息，虽然只是一个信息而已，但他会转发吗？大多数人是不会的。那么，什么情况下，客户愿意分享信息呢？我提出了影响力的三个维度：态度、情绪、行为。那么，如何理解呢？

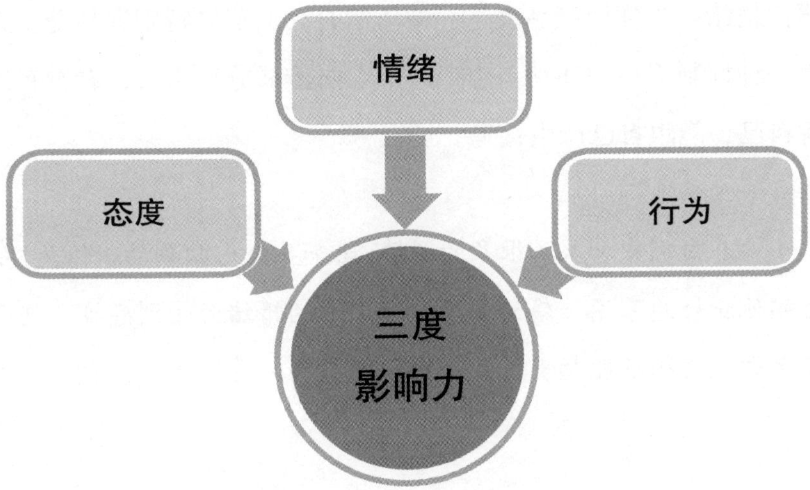

图 5–3　影响力的三个维度

先讲态度。当你表达一个态度时，消费者很支持，那么他可能就会有兴趣转发或者评论，帮你做口碑。

前段时间，韩国萨德基地的事情闹得沸沸扬扬，引起了国人抵制韩国乐天的热潮。有家做辣条的企业发了一篇宣传文章，大意是不再向韩国乐天超市供应辣条。然后一篇标题为“中国辣条行业老大发话了，绝不让一根辣条进入乐天”的文章火了，很多人纷纷转发、留言，表达了对这家企业的支持。

过去我们做营销时，只宣传产品就可以了。但是现在，不仅要有产品，还要有态度。很多新一代的经营者都是这么操作的。

再说情绪。当你用产品表达一种情绪时，消费者特别容易受感染，就会产生一种抑制不住的冲动，想把这个东西传播分享出去，看看有没有人能理解自己，能跟自己产生共鸣。

江小白在白酒中加入了很多的心情，比如某个人收到的心情是“乡愁”，这个时候他正好想家了，想父母了。那么他的情绪会受到感染，这个时候他会怎么做？他很可能拍下图片，发到朋友圈，再配上一段自己的心情感受。

这就是情绪的影响力，你观察一下就会发现，我们的生活中有好多这样的例子。一餐饭，一杯咖啡，一束花……当它感染到你的情绪时，你就会将它分享出去。

还有一种情况，你的朋友、亲人往往会无条件地帮你转发。比如你开了一家店，你跟家里的长辈说，帮我宣传一下吧，他们会很乐意配合，这是人际关系的影响力。

我们可以看出：新营销的信息传播，人是关键，人的情绪、态度、行为、人际影响力，决定了他们是否愿意分享，而不是取决于信息本身。这就要求我们在做营销时，不再是把客户简单地看成钱包，而是看成有血、有肉、有情感、有态度的人，这家企业也必须是一家有血、有肉、有情感、有态度的企业。这对我们传统经营者来说是一个挑战。

信息传播取决于三个条件、两个网络

过去的营销要想取得成功，有两点很关键：一是媒体平台要选对，二是广告内容要制作好。而现在，信息传播要想取得好的效果，建立好口碑，取决于三个条件、两个网络。如此，营销的手段和方法被彻底颠覆了（如图 5-4 所示）。

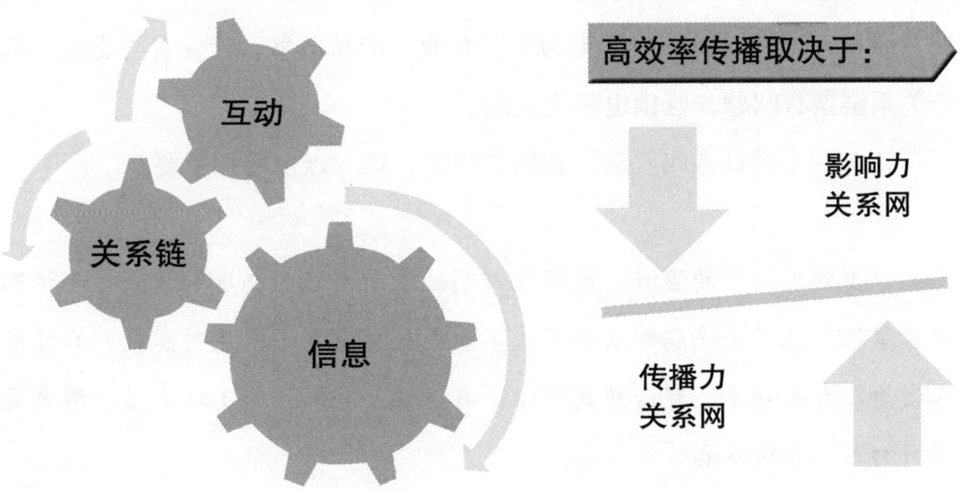

图 5-4 信息传播的三个条件、两个网络

移动互联网时代，信息的传播取决于三个条件：信息、关系链、互动。

如何理解呢？

首先说信息，信息本身是非常重要的。一条信息，能否引起兴趣，调动情绪，非常关键。对于“85后”“95后”这群消费者来说，他们的阅读是碎片化的。随着微博的兴起，网络上出现了一批人，我们称为“段子手”。现在大篇幅的文章，尤其是广告文章，年轻人不爱看了。反而是各种段子，传播率和转发率非常高。以前的信息大都以文字为主，而现在的信息则往往是文字、图片、语音、视频多种表达手法相结合。以前的信息通常是一个产品或者一件事进行叙述，而现在一条合格的信息往往是一个话题、一个观点，要有足够的吸引力能引起他人的参与。

关系链也是关键。你的信息能够引起哪些人的兴趣，跟你的产品定位符合吗？比如，你卖的是孕妇产品，但是对你的信息感兴趣的是一群中学生，那么他们的转发和分享有用吗？显然也是不行的，因为她们的好友与朋友圈肯定也是同龄的中学生为主。企业、产品信息、转发者与受众，这个关系链条有问题，营销也是无效的。

还有一个关键点叫互动。在新营销中，这一点也特别重要。

“罗辑思维”的罗胖，他旗帜鲜明地表达自己的态度和观点，不怕围观者骂他，也不嫌吃瓜群众事多。不管是支持意见还是反对意见，只要有人谈论、有人分享、有话题就可以。有时候，一群人为了攻击另一群意见不同的人，会拼命地转发信息。

这实际上就是一种制造互动的手段。很多明星经纪公司也是以同样的方法，甚至两家公司联合炒作，公司牵头制造一个话题让两边的粉丝群吵架，故意挑起争端制造话题。互动时增强的不只是对信息的曝光，也是让粉丝和支持者更强的认同和站队。

互动就是从信息说服方式变成了让粉丝和用户进入到自我说服模式里，这样的效率会更高，还能培养用户的忠诚度和认同度。

那么信息传播的力度和广度靠什么呢？高效率的传播取决于两点：影响力关系网和传播力关系网。例如，一个明星的影响力和传播力肯定比普通人要强。一件产品，有明星在微博上帮你转发，跟普通消费者帮你转发，效果肯定是不同的。

因此，新营销的关键，是如何建构有影响力和传播力的人，让他们来帮你传播，而不是靠商家自己传播。就如同那些明星经纪公司一样，粉丝们吵得不可开交，经纪公司却永远是躲在后面，好像自己什么也没干，像无辜的受害者一样，实际上它才是背后做局的那个人。

小米当初最鼎盛时，把微营销做到了人尽皆知。很多人都觉得，那得是多么庞大的队伍才能做到。但事实上，小米公司负责社会化媒体传播的那个团队，刚开始做时只有八个人，做到非常顶峰的时候是三十多个人。几十个人如何把一个新品牌做到家喻户晓的程度呢？他们是怎么操作的呢？

他们发动了各个论坛的坛主、版主，把一些工程师、超级程序员、技术牛人吸纳到自己的队伍中来，这些人都是非常有影响力和传播力的人。

他们甚至没有花钱，给这些人唯一的福利待遇是可以参加他们的年会，给F码，F码可以用来抢购手机。那个时候有F码是一件很值得炫耀的事情，好多人拼命地去帮小米宣传，帮它做口碑，然后拿着F码送给自己的朋友、同学。

微营销或者说社会化媒体的营销，它的思维是跟过去完全不同，一家企业要想做好微营销，不是一个部门两三个人来完成，也不是多投入一些人力、物力就能做好，而是要经营好两条网络——影响力关系网和传播力关系网。就像例子中的小米公司，它投入几十个人，却驱动了几万人帮它做营销。

在这两个关系网中，必须要关系链紧密，在选关系链的时候也不是随便选的。依然以小米为例，公司里的小白领要买手机时，最容易问的问题就是公司里的技术大牛，因此小米在构建这两个关键网时，技术大牛是他们选择的重点（他们不但是传播者，还是影响者，更是信任背书者）。到今天为止，小米最忠实的粉丝依然是两条线：第一条线是IT男女，特别是工程师，他们到现在还是用小米手机的忠实粉；第二条线是在校理工科大学生，用红米的特别多，他们继续影响着下一代学妹学弟们。

打造微营销客流自循环模式

过去的营销，总体上收益跟投入成正比。投的广告越多，砸的钱越多，效果就越好。那么现在呢？正如前面例子中所讲的，在社会化营销里，人际关系最重要。在小米公司把社会化媒体玩到顶峰时，都没有投放多少钱。但是后来玩不下去了，开始在地铁、电视上到处投广告。你会发现，它在营销上的投入虽然比过去增加了很多，但是它的销售额却下降了，因为它的社会化营销不如从前，口碑信息浓度也降低了。

这就是我们所提倡的：成功的微营销不在于投放多少钱，而是要打造一个客流自循环的良性系统（如图 5–5 所示）。

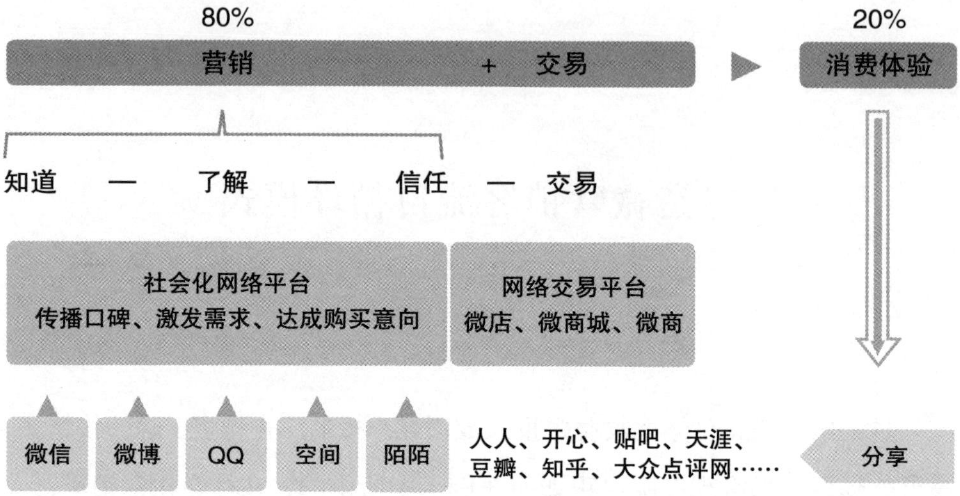

图 5–5 微营销客流自循环模式

最理想的微营销模型是这样的：有一定的客户在消费体验了之后，让他们主动去分享。到了一定的氛围、一定的临界值时，企业只需要驱动这个循环就可以了，而不需要持续地投放钱。举一个最简单的例子，你买了我的东西，只要你帮我做分享，我就给你多少积分，给你小礼物，那么很多人自然就分享了。只要他在社会化媒体中分享了，就会让更多人看到，更多人去消费，交易完了以后，消费体验不错，他又变成了分享者。企业只需要把这个循环运作起来就行了。理论上讲，当企业把这个客流自循环系统做成功以后，它不再需要做广告，也不再需要花钱。

现在很多新一代经营者运用的就是这套逻辑。

成立了一家新公司，一个客户都没有。先建一个微信公众号，先培养粉丝，然后将试用品给一部分粉丝免费体验，要求只有一个，用得好要分享。肯定有相当一部分人会去分享，他们周边的同事、朋友看到后会问，这个东西真的很好吗？分享的人会说，挺好的，不信你可以申请一个免费试用。然后客户哗哗地就来了，运行一段时间以后，客流微循环就建立起来了。

新一代的企业经营者运用的思维逻辑跟传统营销的广告营销完全不同。很多传统经营者花了钱，营销却做不好，就是因为他们的思维方式没有转变过来。

第六章 >>>>>>

新场景——我们需要重新定义消费场景

传统的消费场景往往指的是商超、柜台，

而新零售是以经营客户为中心的，

所有能激发客户消费欲望的方式都可以成为场景。

“85后”“95后”是随着互联网长大的一代，对网络极其依赖，

这种生活方式是不可逆转的，

因此纯零售回到线下的可能性不大。

线下场景不会成为纯零售的主流，

新零售下，线上线下的结合将会越来越紧密。

新零售所强调的场景，线上线下不是关键，

满足消费者随时、随地、随心所欲地购物才是关键。

提到零售场景，我们会想到什么？对于传统经营者来说，它就是杂货店、超市、商厦、大型购物中心、专卖店等线下购物场景，一手交钱一手交货的交易场景。

但是，线上就不是场景吗？

我们在网上看到一个产品，看到无数个评论，看到无数次购买记录，看到无数的展现方式，这不是一种场景吗？它也是场景。

我们戴上 VR 眼镜，可以看到一个产品展示厅，可以随意挑选衣服，可以在手机上看到自己穿上这件衣服后的样子，这也是场景。

我们在网络购物平台上看中一件商品，通过手机交易成功，这也是交易场景。

部分传统经营者也使用过会议营销。例如保健品公司将一群老年人召集在一起，进行培训，有的还进行现场试吃，这是购物场景。那么，商家在线上搞培训会，然后网络众筹，在网络上卖产品，这难道就不是场景吗？

再比如，商家在线下搞一个娱乐活动，然后开始竞标卖产品，这是一个购物场景。电视购物，大家基本也都认可它是购物场景。那么，网络直播就不是购物场景吗？网络直播和电视购物有本质的区别吗？其实是一样的。

在手机端上开一个微店卖产品，跟开一家专卖店卖产品有什么本质的区别吗？你会发现一家专卖店里有几十个商品，微店里也有几十个商品，它们其实都是消费场景。

一定要说线上和线下的场景有什么区别的话，就是一个虚拟和现实的区别。在专卖店、促销、会议营销、招标等线下场景中，人们看到的是实物，购买的是实物；而在线上的场景中，人们看到的是图片，交易的是信息，实物要通过物流到达消费者手中。对于“85后”“95后”的消费者来说，虚拟就是现实，线上购物跟线下购物并没有任何本质区别。

很多传统的经营者都不理解“虚拟即现实”这个概念，他们在学习构建新场景时，思维也只是停留在提升线下店铺的体验上，而新一代的经营者却已经开始研究如何提升线上购物场景的体验。

有人说线上无法解决试穿的场景体验，但是你知道采用最新技术的网络试衣间是什么样子吗？消费者把自己的三围放进去，再拍一个全身照，系统会自动将你的三围和外貌移到虚拟的人身上，感觉瘦了，拉一下，系统就会自动帮你换一个型号，再碰触一下其他的键，换一个颜色，特别方便，也特别真实。

VR很多人都知道，VR技术现在已经成熟到了什么程度呢？当你戴上眼镜和手套时，类似于一个店的场景V就出现在你的眼前，旁边有一排按钮，你点男装，门就打开了，来了一大堆的男装，你点衬衫，别的就没有了，只剩下衬衫供你选择。

最有意思的场景是，你看中了某件衬衫，用手一抓，那件衬衫就能展现在你的面前，你能感受到它的材质和你触摸它的感觉。

这是VR终端的场景，它虽然是虚拟的，但是消费者获得的购物体验，跟真实的场景几乎没有差别。你不仅可以感受到这件商品的每一个细节，还可以感受到它的材质、触感等。可以想象，当这种技术被全面普及时，会对市场带来多大的冲击力。

目前，VR设备还没有得到普及，不是因为VR有多高端，我戴的那套 VR 设备就 2000 多块钱，比手机都便宜，手套 700 多块钱。VR 最大的问题是出在网速上，但是这个技术难题已经在攻克当中了，华为牵头发布 5G 技术，估计在两三年之内就可以实现。届时这种 VR 设备的价格将会更低廉，未来很可能人手一套。这种技术的进步是不可逆转的。到时候，线下的体验跟 VR 终端相比能有多大的优势？不要说“85 后”“95 后”这批严重依赖科学与技术的“新人类”，就连“60 后”“70 后”的消费者都会依赖这种体验。

传统经营者必须彻底转变思维，对场景有一个更全面、全新的认知。构建更好的消费场景，不仅包括线下场景，也包括线上场景。随着未来人工智能的发展，购物场景将会变得更加丰富多彩且无处不在（如图 6–1 所示）。

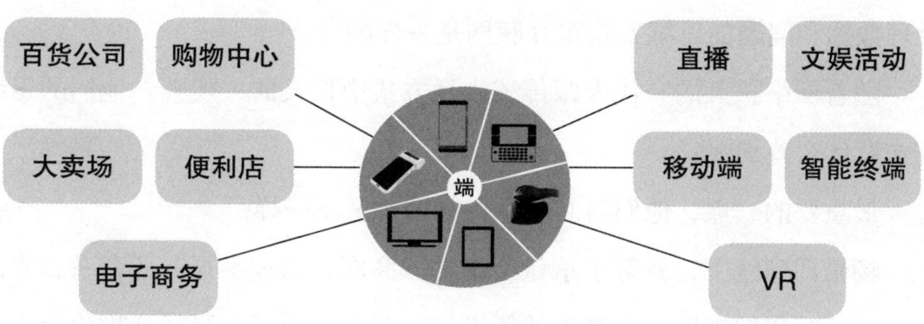

图 6–1 无处不在的消费场景

新零售就是要回到线下吗

现在有很多人说，未来的零售会回到线下。

在回答这个问题之前，我们先来看一个基本点：为什么“60后”“70后”会在线下购物居多呢？很多人会回答说，他们习惯了，他们不会使用网络购物。

那么，为什么“85后”“95后”是网购的一代呢？为什么他们对网络如此依赖呢？这是因为他们是随着PC、移动互联网长大的一代，他们处理数据和问题的思维方式跟互联网是一样的。

随着网络长大的一代人跟传统生活方式中长大的一代人，他们的思维方式有什么差别呢？

最重要的一点，他们对时间和空间的理解不一样。

场景回到线下，就等于承认所谓的“商圈、物理半径”还存在，真的会存在吗？我们来做一个简单的假设，一般人们说服务半径，理论上来讲是服务3~5公里，且不说这个服务半径里开了多少家店，有多少家竞争对手，只说一点，在这个服务半径以内，有多少人是在网上买东西，不会在线下买？那么门店可以盈利吗？能经营得下去吗？

为什么现在门店经营难，就是因为房租、人员工资开支太大，客流太少。一方面客源在减少，另一方面房租在增加，人员工资在增加。传统意义上的服务半径无法支撑，这是很多门店倒闭的根本原因。

有些传统商家会说，线下有线下的优势，距离上更近，时间上更快，马上就可以拿到实物，这一点对消费者的吸引力是线上比不了的。真的是这样吗？

第一，“85后”“95后”对时间和空间维度的理解，跟过去的一代人是完全不同的。

一个“95后”的小女孩在网上下了一个单，买了一件衣服。快递员送到小区门口，让她下楼去取，她不同意，要求快递送到家门口。快递员说，无法送到家门口。小女孩说，那退货吧，她不要了。

这样的例子并不少见，很多“50后”“60后”“70后”都表示不理解：“太任性了，等了好几天的货，眼看就要到手了，就下楼走几步那么近，为什么都不愿意呢？”但这就是新一代消费者的思维，他们对时间和空间的认识完全不同。传统消费者都是“进店消费”，新一代消费者却只认可“送货上门”，三五天他们可以等，不嫌时间长，下楼取货可能会觉得远，会感觉体验很差甚至退货。

第二，“50后”“60后”“70后”都是在有了消费需求后才会去寻找商品，而“85后”“95后”的消费者却是在看到商品时就会产生购买欲望的，他们的购买是无计划的，是随心所欲的。

一个40~50岁的家庭主妇会在什么情况下买衣服呢？通常是她在打

开衣柜打算穿衣服出门时，她会想自己好像没有换季的衣服了。然后，她计划某天上街去寻找她需要的衣服。

一个“95后”的小女孩会在什么情况下买衣服呢？手机里弹出一件衣服的图片、在朋友圈看到一张衣服的照片、朋友分享给自己的一个链接，所有的这些都可能会让她产生购买的冲动。

移动互联网的普及，造成的一个场景就是商品的信息每时每刻都在刺激着人们的购买欲望。过去人们只有走进商店才会受到诱惑，现在只要打开手机，各种商品的广告和图片信息可以说是应接不暇，无处不在。新一代的消费者是在这样的环境中长大的，这就导致他们的消费是随机的、无计划的。

这种转变造成的一个最直接的后果就是传统经营中的那种“等客上门”的逻辑行不通了。移动化互联网环境下，新一代的经营者都是主动寻找客户，也就是说通过各种手段、理由，先把客户囤在公众号、社群、朋友圈等各种客户池子里，慢慢地用内容、活动、互动等形式影响与营销他们。

前文讲到过的“罗辑思维”，它是把所有的客户囤在“罗辑思维”账号里，天天发布商品信息。说不定哪天潜在客户感兴趣了，动动手指就买了。

现在开微店的也是这个逻辑。既然客户的购买是无计划的，那么我只能先把客户囤起来，时不时地露个脸，发条信息，让客户记得我，说不定哪天他的兴趣被激发了，就在我这里购买了。

在这种情况下，“等客上门”的逻辑其实是不存在的，因为你已经被“上门找客”的经营者打垮了，这也是线下门店无法存活的原因。让我们来看一下新零售与线下场景（如图6–2所示）。

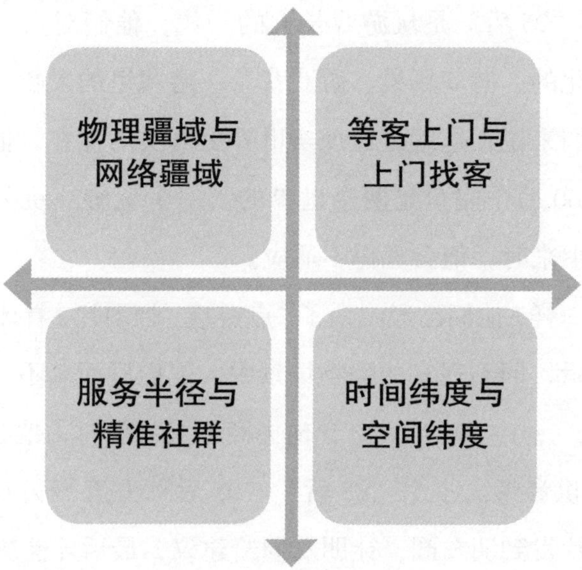

图 6-2 新零售与线下场景

“85后”“95后”的消费者还有一个特点，就是在他们眼中虚拟即现实。“60后”“70后”的消费者只认可现实空间，看到了实物才肯掏钱；而“85后”“95后”却认为虚拟空间是他们最真实的空间。

很多“85后”“95后”的人都喜欢玩游戏，他们对游戏空间的认同性比现实中更高，他们可以在游戏中一掷千金。对此，“50后”“60后”“70后”的人是完全不能理解的。

一个“95后”的男孩子花几千元人民币买了一把游戏中的刀，他会觉得“这钱花得太值了，大杀四方的感觉真是太爽了”。对他来说，这都是娱乐的消费啊，在游戏中买一把刀跟花钱去KTV、去旅游有什么差别呢？不都是为了开心吗？反而，有时候在游戏中获得的快乐会更多一些。

“85 后”“95 后”是玩游戏长大的一代，他们对人、时空、世界的认识都是游戏化的，游戏场景、游戏背景、游戏里的人物、游戏里的人际关系……对他们来说，这些是比现实世界更真实的存在，他们的思维逻辑跟“50 后”“60 后”完全是两个世界的。一个玩游戏玩久了的人，当他回到现实场景中来时，他会觉得不适应。

购物也是一样，他们已经习惯了“点链接、翻图片、看评论、点击购买”这一套购物逻辑，回到现实的购物场景中，他们反而会不习惯。就像我们前面举的例子，一个“95 后”，让他去商场买衣服时，他会犯傻，因为没有人的评价可供参考。一个“85 后”“95 后”去逛街买衣服时，她会拍下试穿后的图片发到朋友圈，让朋友们给建议，最后才能决定是否购买。

如此看来，“85 后”“95 后”对虚拟场景的接受度比现实场景的接受度要高得多。

具体线上线下售销场景对比（如图 6-3 所示）。

“50 后”“60 后”“70 后”的购买逻辑：交易实物才是交易产品。	“80 后”“90 后”“00 后”的购买逻辑：交易产品信息就是交易实物
线下销售	**线上销售**
展厅 / 门店实景： · 看，看到实物 · 摸，摸到实物 · 试，使用体验	视频 / 虚拟实景： · 看到介绍过程 · 看到使用过程 · 看到用户过程 · 知道销售情况（多少人买，主要是什么人买，分布情况） · 使用的多少种方法（可以在哪些场景下使用） · 摄像头视频导购服务（展厅展架）

图 6-3 线上和线下销售的场景对比

那么，零售场景还会回到线下吗？要回答这个问题，就先要回答另一个问题："85后""95后"的这种网络化的生活方式是可逆的吗？也就是说，"85后""95后"会扔掉电脑和手机，不再依赖网络，重新回到过去的那种生活方式吗？

当然是不可能的，"00后"就更不用说了，现在的孩子基本上从3岁起就开始接触手机，很多小学生操作手机比大人操作得还顺畅。

这意味着随着时间的推移，随着"00后"的长大，线上购物会变得更加普及。不仅如此，"60后""70后"在整体大环境的感染下，也会向新的生活方式看齐。因此，在我看来，零售场景回到线下几乎是不可能的，线上场景将成为主流这种趋势是不可逆的。

线下场景——以“消费者体验”为中心的花样尝试

正如我们所讲，消费者改变了，所以构建消费的场景也要随之改变。如何打造“新人类”喜欢的购物场景？近几年来，线下实体店纷纷打着“提升消费者体验”的口号，开始了打造“线下新场景”之路，走在了转型的最前端。

目前看来，线下场景的转型当下主要有以下 3 种形式。

第一种，线上线下相融合。

一个典型的代表就是苏宁。2009 年，苏宁开始打造互联网渠道。2010 年初，苏宁易购上线，打出要做“沃尔玛 + 亚马逊”的旗号，苏宁实体店成为集展示、体验、物流、售后、市场推广为一体的 O2O 门店。

2013 年，苏宁宣布全面转型，更名“苏宁云商”，开启线上线下同价，确立“店商 + 电商 + 零售服务商”的“一体两翼”战略。到 2014 年扩充百货品类、收购满座网、上线金融产品“零钱宝”、升级实体门店，如今已形成 3 大产业集群：金融、物流和零售体系。

苏宁模式，就是典型的 O2O 模式，本质是“社区化 + 移动化”，将线下渠道完成“社区化”，鼓励客户进店体验，以最大限度缩短与消费者之间的距离；线上渠道则实现“移动化”，从而实现线上和线下的融合。

第二种，游乐化+体验式消费。

一个典型的例子是乐语，乐语本来是一家通信零售连锁企业。为了实现线下体验的升级，它首先做的就是产品的更新，为了迎合年轻人的需求，在产品线上做了许多调整。比如，它的首个示范店——乐语爱琴海门店，主打新、奇、特，除了卖苹果、三星、微软、华为等品牌产品，还引进了许多进口的游戏娱乐设备及周边产品，甚至还有年轻女孩喜欢的美容类电子产品等。

针对年轻人喜欢新鲜，爱游戏，爱玩乐，爱分享的特点，乐语线下场景开启了游乐体验、游乐消费、游乐分享的购物模式。比如，多媒体的产品展示更加符合年轻人的胃口，将导购变成消费者的游戏玩伴等。

乐语模式就是从传统的以产品为中心，转变为以用户体验为中心。

第三种，一站式购物+产业生态链。

如何从客户身上挖掘更大的价值，提高客单价，一直是零售业非常关注的问题。但是在传统零售业态下，提高客单价的方法和手段都非常有限。

现在，随着“新零售”概念的普及和大数据的发展，人们对“锁定客户”去创造更大的价值有了新的理解，一个典型的实践就是“一站式购物”。

当客户走进我的购物场景里，有没有可能让他所有的消费都在我这里产生？这就是“一站式购物”的基本思路。一个代表就是万达，万达广场一直在对商户类型的比例进行调整，增加了餐饮、娱乐、亲子活动等内容，以增强消费者的休闲体验。在这种模式下，商场不再只是买东西的地方，而是集吃、喝、玩、乐于一体的综合消费场景。许多大型购物中心都在模仿和借鉴这种模式。

产业生态链就是把客户牢牢锁定在自己的“客户池”里，为他们提供全方位的服务，从而创造更大的客户价值。不过目前，国内能真正把生态链玩转的只有腾讯。通过QQ和微信带来的高黏度客户，腾讯把新闻、网游、视频等产业做得风生水起。

线下门店是巨大的流量入口，但是在传统零售模式下，这些流量（用户）如果不产生消费，对商家几乎没有任何意义。那么，是否能够通过构建更好的线下场景，让这些流量发挥价值呢？这是线下场景转型的一个思路。目前，也有很多人在尝试。例如，针对现在实体店“吃不饱”的问题，有些店铺老板兼职做微商，让所有进店消费或者闲逛的客户加自己的微信，推广自己的微商产品。有些做得好的，线上做微商收入比店铺收入要高得多。渐渐地，店铺完全成了一个流量入口之一。

还有更高端的，集O2O、消费者体验、游乐、生态于一体的。例如阿里的“素型生活”，号称是天猫的线下体验店。

它是一个多品类的O2O复合店，除了服饰外，还汇集了茶、咖啡、家居、美妆、书、VR智能产品等多品类，满足消费者一站式的购物消费体验。

为了提升消费者体验，营造点燃购物欲望的氛围，里面有慢生活、潮牌馆、欧美馆等不同的主题调性。例如，在素型生活森林系主题中，不论是服装店，还是咖啡店、家居店、书店，就连试衣间也打扮成一顶顶军绿色的帐篷，甚至可以还原为森林系的走秀T台。对这种购物氛围的打造可以说是相当贴心。

为了提升O2O体验，在“素型生活”里，货品一旦出现短缺，用户可以在店内使用天猫导购屏进行网购，所转化的销售按 CPS 予以返佣。

以上几种模式，是当下线下场景转型的一些尝试方向，应该说思路都是不错的。但是以我在咨询实践中所了解到的情况来看，大部分人尝试后的结果并不理想。就拿苏宁和乐语来说，苏宁尝试了这么多年，但在大家眼中仍然只是一个卖电器的平台，乐语仍然只是一个卖手机的平台。虽然它们的消费体验升级做得也很有诚意，但是消费者未必愿意上门来体验。再例如，很多商场都在搞一站式购物，但是多数生意还是不够理想，这是什么原因呢？

我认为是经营者的思维方式还没有完全转变过来。

首先，多数线下场景转型时依然停留在“等客上门”的思路上。例如苏宁和乐语，基本上都还是“等客上门”的思维，而不是主动去寻找客户。

很多人单纯地把线上线下融合理解为“同款同价”、可自由下单等，但是这种线上线下相融合只是最初级的融合。

在 O2O 的探索上，一些“85 后”“95 后”的店铺经营者做得比较好。例如，一个开甜品店的“95 后”女孩，她通过微信加了大量附近的人，并将所有进店消费的客户都拉进店铺微信群，然后每天在朋友圈和微信群里分享、直播各类甜品的制作视频，吸引大家网络下单，生意也是相当火爆。这就是一种“主动寻找客户”的思路。

毕竟，用户才是中心。体验再好，没有客户上门，又有什么用呢？

其次，线下场景还要考虑“客户在哪里”的问题。

以“无人模式”为例，最近几年无人模式特别火。但是无人模式仅仅只是解放营业员那么简单吗？

传统经营者如果只是机械地照搬无人模式，结果可能会令人大失所望。

事实上，当前无人模式做得好的都是“用户中心”的思路，先考虑的不是“无人”，而是解决“客户在哪里”的问题。例如，现在很多做无人模式的企业，把无人售货机、咖啡机搬到写字楼里，效果非常好，复购率很高。这就是一种“用户中心”思维。构建场景不应该从自己的喜好出发，而应该关注消费者最喜欢什么样的场景。

以我的预测来看，未来线下场景的一个基本趋势就是离消费者越来越近，未来的店铺很可能不是开在大街上、马路边，而是开进社区里、写字楼里。

最后，人员问题。

很多线下经营者都在尝试转型和体验升级，但是你的人员配备能够支撑转型吗？例如有些购物中心，虽然打着“游乐”化的旗号，但是服务人员很多却是40岁以上的中年大妈，根本无法跟年轻的客户互动。还有，你如何让一个已经习惯了以“销售产品”为导向的导购，转变为“只关注消费者体验”为导向的导购，这也是一个问题。

这一点很多经营者也都意识到了。例如，现在苏宁整个内部人口的结构是以“85后”“95后”为主，未来几年“00后”也开始进入苏宁。

线下场景的转型还有很大的想象空间，未来随着智能化和物联网的发展，消费体验肯定还会进一步升级。但有一点我们是可以确定的：未来所有能存活下来的线下店铺都将更注重“体验”，转型为线下体验店。这一点，我们将在“新渠道”这一章中详细讲解。

如何满足随时随地随心购买

为什么我认为线上场景成为主流的这种趋势是不可逆转的呢？这仍然是取决于线上线下场景哪一种更符合新一代消费者的喜好。我们来做一个详细的对比（如图 6–4 所示）。

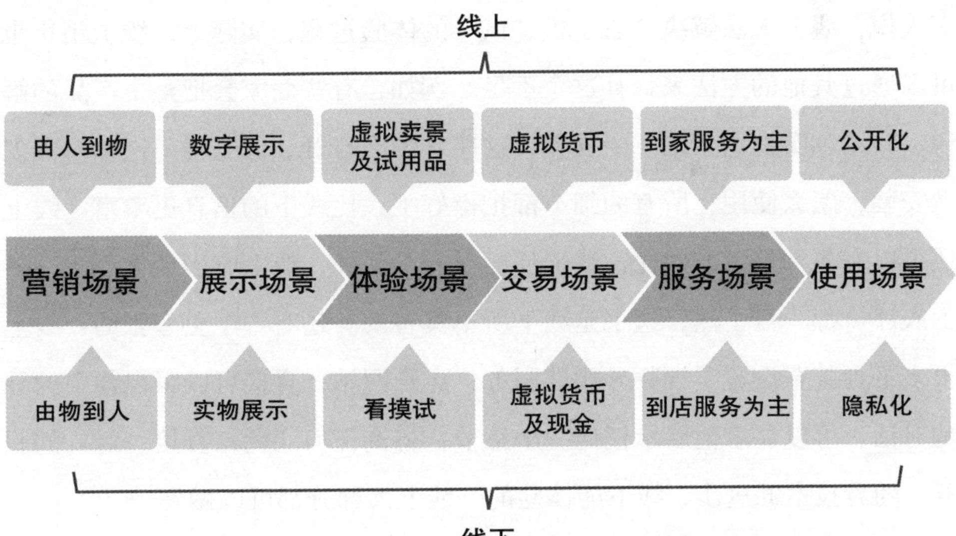

图 6–4 线上与线下的场景对比

首先说营销场景，线下的营销场景是由物到人的。我的店是开在这儿的，我的东西是放在店里的，你想要购买，就必须是到我的店里去消费。同时，商品是固定的，我是卖衣服的，我就不可能卖汽水，只能等待需要买衣服的人上门来购买。

线上的营销场景则是由人到物的。因为我知道你在微信上，我就立马把信息推送到你那儿去，不是你来找我，而是我去找你。你需要衣服，我卖衣服给你，你需要汽水，我卖汽水给你，我知道你喜欢这件东西，我就把这件东西卖给你。很多微商正在变成这样的商业服务者。

这是两种不同的营销场景的展示，背后却是完全不同的两套逻辑思维。

再说场景展示，线下是实物展示，线上则是数字展示（文字信息、图片、视频等）。

线下的体验场景是看、摸、试，线上的场景则是虚拟实景和产品试用。有人说，线上无法解决“看、摸、试”的体验过程，实际上，线上销售也可以通过其他的方法来弥补这个不足。例如，有些商家会把整个产品的解说、介绍和实物场景拍一个视频，这瓶水怎么打开、怎么喝，这个机器怎么安装，怎么使用，所有的细节都拍摄好了，比线下的信息更丰富。线上还可以有各种信息的对比，线下反而没有。另外，线上有多少人购买、多少人评价都一目了然，这个是线下所不具备的。还有一个更夸张的：线上很多平台甚至设置了视频导购性服务，点开网站，直接可以跟视频中的导购对话，可以要求他展示任何一个细节，咨询任何问题，直接一对一的服务。随着技术的进步，线下能体验的，线上大部分都可以做到。

有些客户还是不满足，还可以通过申请产品试用来解决体验过程。什么意思？线下的销售都是产品销售产生客户，而线上则是先产生使用用户，不用给钱我先给你试用品，用好了再买，这个解决了看、摸、试的问题。

以唯品会、京东为例，付款了交易就完成了吗？不是的，下单只是一个意向而已，实物到了以后我体验完了，我不拒收，我不退货，才算交易完成。实际上，这也变相地完成了看、摸、试。

微商就更有意思了，微商是这样的，一个妈妈自己拿一瓶水喝着，告诉大家她给孩子喝这个水，它特别好，特别适合小孩子，送你一瓶试试吧，感觉好你再买，直接完成了“看、摸、试”的过程且体验更好。

再说交易场景，这一点，线上跟线下差别并不明显。你会发现，“85后”“95后”的消费者，在线下购物时，也是数字支付。走进店铺，首先会问“可以使用支付宝、微信付款吗”，如果不行，他们多半会转身离去，因为身上没带多少现金。

再说服务场景，线下是到店消费，而线上是服务到家。如今不仅仅是实物可以送货上门，服务也可以上门，诸如上门美容、上门理发之类的都有不少。

最后说使用场景，线下场景是私密化的，一件商品到底有哪些人买，没人知道。有哪些人买了跟我一样的商品，我也同样不知道。而线上的使用场景则是公开化的，用完以后，晒单，发图片，分享一下使用后的感受，对“85后”“95后”来说已经成为习惯。

从这个对比中，我们也可以看到：相对于线下场景，线上场景更符合“新人类”的购物需求，更能满足他们随时、随地、随心购买的需求（如表6–1所示）。

表 6-1　线上场景的特点

随时	随地	随心
时间自由	空间自由	心灵自由
任何时间	任何地方	任何要求
全天候 365 天 24 小时 淘宝 2200 万夜淘族 0~5 点下订单	马桶上 上下班地铁上 床上	订制 小众 个性化

基于这一点，我们也可以断定：未来的纯零售不可能是线下为主的，一定是线上为主的。

线下零售无论如何都做不到随时。而线上呢，淘宝的忠实用户是 3、4 个亿，还有大量的夜淘主，0~5 点这段时间购物的人数是 2200 万左右。

随地，线下就更不可能。线下无论如何都超越不了商圈半径这个难题。更不要说满足“新人类”在床上、马桶上、地铁上购物的需求。

还有随心，相对于线下，线上下单预定的方式更能满足“新人类”私人定制、小众、个性化的需求。

因此我们认为，零售商业线上场景成为主流的这种趋势是不可逆转的。传统的经营者倘若不能转变思路，去接受和顺应这种潮流，去学习创造更好的线上场景和线上体验，则很可能会被“85 后”“95 后”包括未来的“00 后”这群“新人类”所抛弃。

第七章 >>>>>>

新渠道——互联网给渠道带来怎样的改变

人类对零售渠道变革的探索从未停止过，

而每一次变革的诉求都是惊人的相似——减少一切中间环节，降低成本，提升效率。

互联网对渠道的革命比以往更彻底，

落地零售赖以生存的“旺铺经营、等客上门和服务半径”，这三个因素已经不存在了。

因此，未来大多数落地纯零售会死掉。

活下来的店铺将转型为“服务＋体验”的模式，

微渠道将成为未来纯零售的主要渠道。

消费者在变，市场环境在变，需求在变，产品在变，场景也在变，这就意味着构建渠道的方式一定要改变。新零售革命也是一场渠道的革命。事实上，这已经是零售渠道的第三次革命了（也有人说是第四次革命）。未来的零售渠道方式怎么变？我们先看看历史上渠道的变化情况（如图 7-1 所示）。

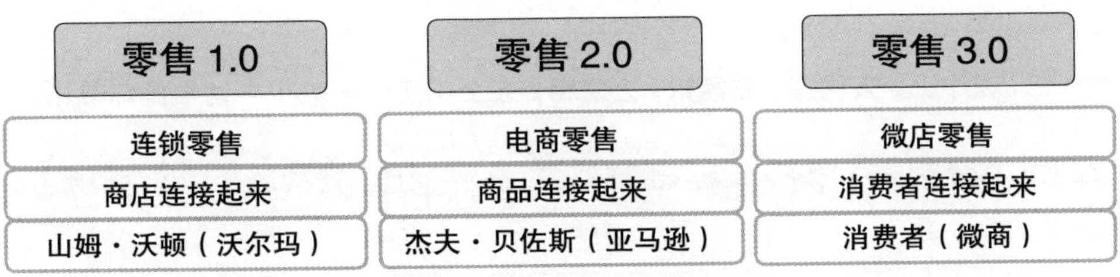

图 7-1 零售渠道的三次大革命

第一次零售革命主要是连锁零售的出现。一个典型的例子就是沃尔玛，它的特点是用一个总部和一个总仓控制所有的门店，通过这种方式实现高效率运营。

第二次零售革命是电商，电商是从亚马逊开始的，随后在淘宝天猫等平台出现。店铺变成虚拟的了，网络平台连接了海量的商家和海量的商品。

现在正在进行的是第三次零售革命，它最终会发展成什么样子呢？我们暂时将它称为微店零售模式，以人作为零售的终端，一个人就是一个零售端，跟以前开连锁店相似，一个人可以加盟一个连锁品牌开一个小店，现在是一个人加盟渠道总部开了一个微店，那这个人就是一个渠道终端。

这个人本身既是消费者，也是零售商。

我们会发现，1.0 是将商店连接起来，2.0 是将商品连接起来，而 3.0 是将消费者连接起来。

零售渠道经历了 3 次大的变革，经历了从线下到线上的变化，线上也在不断地发展和演变，这当中一个最大的特点是什么？就是减少一切中间环节，降低渠道成本，提升渠道效率（如图 7-2 所示）。

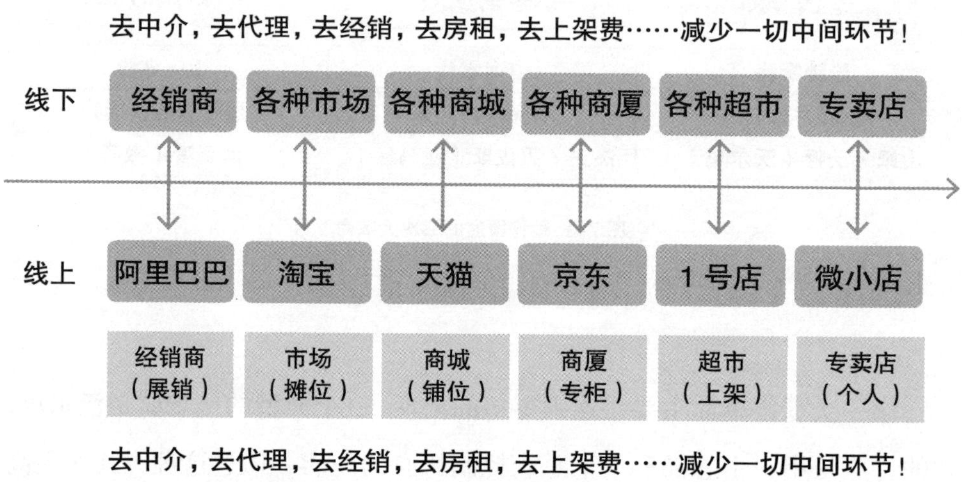

图 7-2　零售渠道变革后的特点

中国大约是 1984 年前后才实现市场化的，当时首先是有了经销商，然后才有各级市场，例如总代、省代、市代等。一件商品，从工厂生产出来后，要经过层层代理商，每一层代理商都要承担仓管、物流和人力成本，每一层代理商也都要赚取利润，因此渠道的成本是非常高昂的。

大约在20世纪90年代，出现了商城。商城的出现是因为随着人们生活水平的提高，市场已经不能满足一些中高层消费者的需求。跟市场相比，商城是更高级的购物场所。

商城出现不久之后，出现了很多现代意义上的精品商厦。20世纪90年代中期开始出现了大量的超市，国外真正意义上的超市进入中国是从北京市三元桥家乐福开的第一家店开始的。从20世纪90年代中后期李宁开了自己的专卖店开始，具有非常强的象征意义，有了专卖店商业形态的蓬勃发展。

与线上的各种类型的平台相比，我们会发现它们出现的先后顺序几乎是类似的。

中国最早的线上平台是阿里巴巴，阿里巴巴是一家怎样的平台呢？它实际上跟过去的经销商是一样的。紧接着是淘宝，淘宝类似于过去的各类市场。再后来有了天猫，天猫也类似于过去的商城，天猫平台将铺位租给一个个的商户。再后来有了京东，京东类似于过去的精品商厦，它是一家大型零售商，大部分都是自营，最近一两年才开始允许其他的商家进驻。同样的，1号店类似于过去的超市，各种微店类似于从前的专卖店。

跟过去的线下渠道相比，阿里巴巴、淘宝、天猫、京东、1号店、微店这些线上平台，它们不需要开实体店，去房租，去上架费，甚至平台可以直接去厂家采购，再卖给消费者，连经销商都省略了。当年淘宝能迅速火起来，就是因为它大大减少了各种中间环节，降低了商品的价格。

从中我们可以看出，整个渠道的演进原理就是不断地去中介、去代理、去经销、去房租、去上架费，减少一些中间环节。在这个过程中，我们会看到，过去的所有渠道模式，经销商、市场、商城、商厦、超市、专卖店都有相对应的线上平台，而且中间环节更少，效率更高。

那么，传统渠道还有存在的价值吗？未来的整个落地渠道将会如何发展呢？

我认为落地渠道一定是向网络渠道转移的，让我们先来看一下图 7–3。

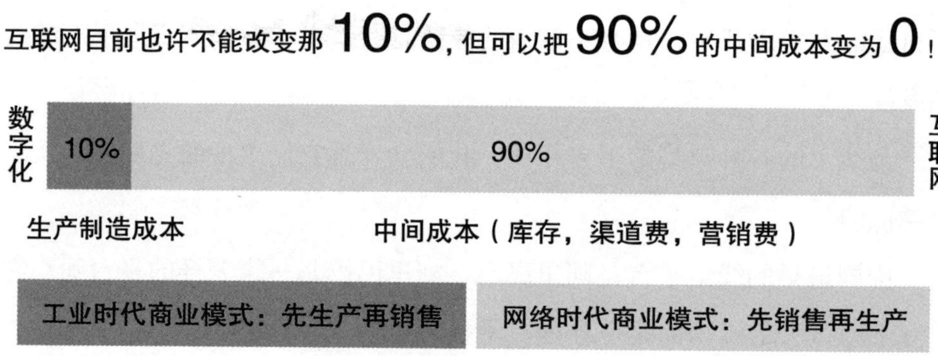

图 7–3 互联网的渠道带来的改变

对于降低成本，互联网也许不能改变那 10%，但可以把渠道营销过程中 90% 的中间成本变得更低！这句话我们如何理解？

产品的生产成本其实也没有多大的降低空间，就是现在变成数字化生产，例如未来机器人可能会代替流水线的工人，就算把这些人工成本全部去掉，依然会有很多成本是降不了的，因为原材料、房租、水电、以机器折旧等成本依然存在。但是可以在产品的流通过程中，也就是在渠道这一块，降低 90% 的中间费用。

此外，正如我们前面所讲的，趋势是落地零售必死。因为落地零售赖以生存的旺铺经营、等客上门和服务半径这三个因素已经不存在了，传统的商圈彻底被打破了，网络疆域替代了传统服务半径，主动寻找客户的经营者将商圈内的客户都拐跑了，落地门店所在服务半径里，所有的客户都变成了网购客户，你开的那个落地零售门店没有人上门了，即便是偶尔有些零星的客户购物也无法承担房租和人员工资，赔钱的结果就是关门了。所以，纯落地零售死掉是必然的。

我预估未来 5~8 年的时间内落地纯零售可能 70%~80% 都会死掉（纯零售是指不增加任何服务形式和形态的零售，也就是纯粹的产品零售。纯零售不包含卖服务，即不需要一个服务形态来卖产品，纯零售就是把产品摆在货架上你拿了结账就走，这是纯零售。这里所说纯零售也不包含那些以服务为主产品销售为辅的店，如便利店的以快餐、小吃、饮品、冰淇淋、生活便利服务为主，生活用品零售为辅时，它已经不是纯零售了，而是变身为服务型商业，目前很多便利店正在增加座位和吧桌等就是在变身中），存活下来的线下店铺会转化为以服务模式为主的店（例如：餐馆、美容、美发、KTV、咖啡馆、水吧、幼儿培训等需要服务体验过程的商业形式）。

另外，也会有一部分纯零售店铺存活下来转化为产品售后服务和体验中心，但不再是以销售产品为主的盈利门店，而是变成了成本门店。

大街上很多化妆品店铺都死掉了，但是有些店铺推出了一种新模式：买产品，免费帮你化妆，免费帮你做美容，这种店铺生意很多都还不错。还有一些店铺，你可以在网上下单，再到线下店铺去体验；或者在线下体验，在线上下单。你会发现，很多线下店铺都不再是卖产品的地方，而是成了一个卖体验、卖服务的地方。

微渠道将是未来纯零售的主要渠道

下面，我们重点来讲一下纯零售。正如我所预测的，未来线下纯零售可能 70%~80% 会死掉，并全面向网络渠道转移。纯零售会转变成这三个模式（如图 7–4 所示）。

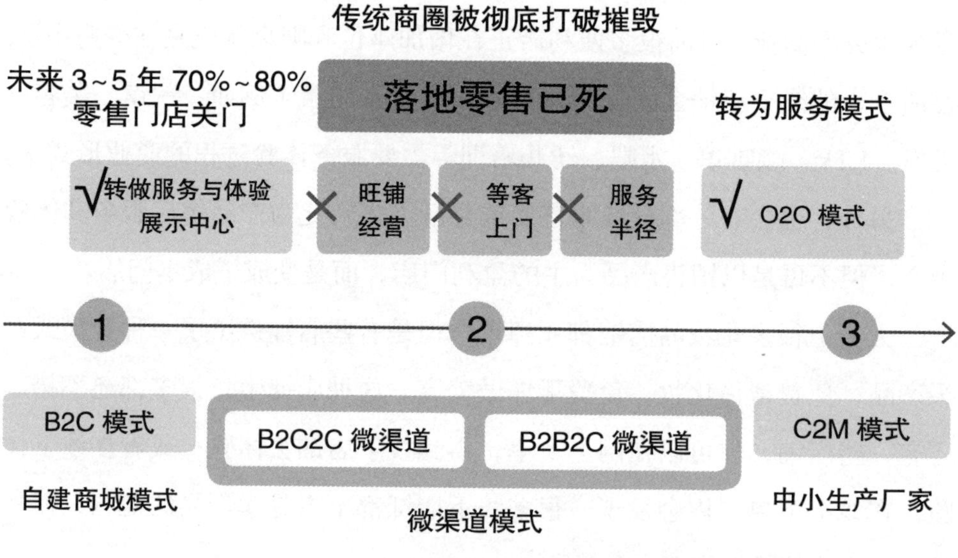

图 7–4 落地渠道向网络渠道转移

第一种模式是叫作“B2C 模式”，也叫作“自建商城模式”，也就是零售商品直达消费者。这里的 B 是商家，C 是消费者，最典型的是小米、华为、海尔这样的自建商城。

现在很多的大型企业都在做自建商城模式，这也是一种趋势。

第二种我们称为“微渠道模式”，微渠道就是微商的变种，微商是个体行为，产品总部或品牌总部都变成企业行为。现在小米在做微渠道模式，格力也在做，网易考拉也在做。

微渠道的模式有两种，一种是 B2C2C。B 就是总部，中间的 C 是微商，后面的 C 是消费者。通俗地讲，就是一个人加盟一个总部开了一个小微店卖产品，这个加盟者就是微商，他主要负责服务客户（这个微商负责营销和销售，也负责一部分售后服务，主要负责经营客户和维护客户），然后由总部来负责发货和一部分售后服务。

另一种是 B2B2C，它是 B2C2C 的升级版。B2C2C 中的第一个 C，他做得特别成功，一年赚了几百万，然后他周边的亲戚、朋友、同学都跑到他这儿来当学徒，那么他就变相地成了小 B，也就是从纯粹的个人变成了一个团队组织，类似于一个商家。

第三种模式叫作“C2F”或者叫作“C2M”，这两种说法意思都是一样的，指的是消费者直接向工厂定制，最典型的是做西装的红领。现在定制化生产有很多，淘宝上有很多店铺，你可以在上面下单预定，讲出你的要求，给你定制生产。例如：定制名片，定制水杯，定制 LOGO，定制衣服等。

分析一下这三种模式，我们会发现：

第一种模式有很大的局限性，只适用于规模型企业和产品丰富的知名集团型企业，普通的小企业自建一个商城根本无法获得流量和用户，靠做推广、打广告的形式去获取流量，成本极其高昂，普通的商家根本承担不起。例如，小米商城是自建商城中做得比较成功的，但是全网广告投放和流量链接也不是一个小企业能投放得起的。而且自建商城需要有系列产品来支撑，对产品线单一、单品种类少的企业来说也不合适。因此，这种模式只有极少数企业能适用。

第三种模式从理论上看很理想，但要真正实现，我认为还是要靠C2B2F的模式，C指消费者，中间的这个B指的是平台和，F是厂家。为什么这么讲呢？假设我是消费者，我如何找到1万家工厂，并从中知道到底哪一家适合帮我加工所需要的产品？我从哪里找它定购呢？这里还是需要一个中间平台，这个平台，可以是一个商家（例如网络信息平台，中介机构等），也可以是一个人。但目前的情况是，能够提供定制化生产的工厂不多，客户的个性化定制需求也没那么强烈，这个商业模式还有很长的一段摸索之路要走，当前它也不是最容易做起来的渠道模式。

微渠道模式由于是利用了微商做中间商去面向消费者做营销和销售，只有销售成功了才会获得佣金，这样的渠道方式成本和风险最低，操作的可行性也高，我预测这种模式会是未来一段时间内成为纯零售的主要模式之一。所以，在讲网络渠道这一块时，我们以微渠道作为重点来讲。

微渠道要从微商的发展说起

渠道与微商，这二者之间既有联系也有区别。

通俗地讲，微商是指一个个体的人开了一个微店，微商等于店老板，未来开微店的店主也都要注册营业执照，就类似于过去的个体户。

落地商业时代，零售终端指的是地面店。那么移动互联网时代呢，零售终端就是人。人就是渠道中最末级的那个终端。

用更专业的解释来说，微商是指一个小的零售终端，类似于过去的一家地面店、专卖店、专柜等。

微渠道是指什么呢？它是站在一个品牌经营者或者产品总部运营的角度来说的，也就是它集合了无数的微商个体，再加上总部运作的那个微店系统平台，就构成了微渠道。

微渠道能不能成立，得先看微商能不能成立，因为微渠道是由众多的微商组成的。现在社会上对微商的认知是两极分化的，有些人很看好，众多知名企业如海尔、格力、小米也在试水微商，但是也有很多不好的声音。因此，我们先要从微商的历史讲起，对微商有一个更全面、更客观的认知。那微商是怎么出现的呢？

微商的真正兴起大概是在 2011 年 ~ 2012 年，当时有很多宝妈们通过海外的同学帮忙代购奶粉，最开始是友情帮忙。后来宝妈身边的朋友们也想找那个海外的同学代购，这个时候免费就有点说不过去，因为代购会占用对方的时间，所以在请人帮忙代购时，会给对方一些代购费。后来，一些宝妈和海外大学生等人发现这样也能创收，收入还不少，于是就扩大了代购的范围，包括护肤品、名牌服装、名牌包包等。越来越多的人发现：原来在朋友圈发发商品信息，分享购物经历，就会获得不菲的收入。随后，众多的宝妈、家庭主妇、大学生都加入代购的阵营中，她们的客户多数是朋友和熟人，获得客户的主要途径是通过晒微信朋友圈，后来人们就将这种经营模式称为"微商"，这是微商的最早雏形。

之后，兴起了一些专业代购公司。这些公司通过专业的运作，建立了很多微信群，例如宝妈群，代购群等，慢慢形成规模化以后，他们就开始做批发了。方法是到国外去批量采购一些货囤在仓库里，由于采购的价格降了，所以逐渐连代购的手续费也减掉了，直接按国外专柜的原价出售。这时，他们开始找代理，进入了代理模式。

最开始都是正规的代购，卖的也都是国外的正宗产品，但是随着做代购的人越来越多，专业的代购公司也越来越多，大家开始拼价格。但是低价利润少，这时大家开始玩起了猫腻。在广东找一家 OEM 工厂做 A 货，冒充国外正品，甚至发展到后期连所有单据都可以造假，比如造假国外商场单据，过海关单据等。广东 OEM 工厂的小老板们也发现了他们这个生意的秘密，这比他们代工赚钱多了。找他们做 OEM 加工的这些专业代购团队，其实什么都没有，只是弄了些微信群，以讲课的名义让人进群，然后卖产品发展代购员。于是，他们也就参与进来了。

但是这些小工厂自己不会社群营销，也不会找客户，怎么办呢？于是他们找到了一些专门给各种公司讲课的人，主要是那些讲成功学的人，也有一些是讲微信营销和网络营销的人，请他们在网络上帮忙讲课营销。最开始是以支付报酬的方式：讲一次课给多少钱，然后成交多少再提成多少钱。后来这些“讲师”自己也招代理、带团队。一直到现在，我们会发现，做微商做得最好的那些人，很多都是些会打鸡血、会讲成功学、在各种销售组织中做讲师或做团队头领的人。

这就是微商的第二阶段了，OEM 工厂跟“会销”讲师“勾搭”上了（最近十几年“成功学”很难独立搞培训办班生存了，这些人也都转做会销讲师或者去做教练技术培训去了）。所以这个阶段，很多做微商的团队都是从各种销售组织中过来的。就连安利等都全面转向微商，也有一些仅仅是利用“微商”的概念继续做原来的模式，这一部分纯粹是挂羊头卖狗肉，不是我们研究的范围。

微商开始进入混乱期的时间大约是在 2013 年和 2014 年。主流产品也不再是国外代购品，而是找 OEM 工厂做自己的产品，再包装一个概念（安全、绿色、纳米、太空、航天等吸引眼球的东西开始层出不穷），最疯狂的时候出现了几千种面膜微商的盛况。但是他们并没有把面膜卖给消费者，主要是把货卖给了“经销商”“代理商”，这时他们主要做的是多级分销，代理的层级特别多，很多代理商或经销商囤货后最终也没卖出去，砸自己手里了。

等到了第三阶段，也就是 2015 年的时候，一大批做落地会销的人也发现了这个模式，纷纷加入了进来。他们把落地会销模式的三级分销带进了微商领域。

在这期间发生了几件大事：2015 年，央视报道了一些微商的负面例子，主要是谴责部分商家涉嫌传销和产品质量等问题，各大媒体纷纷追随，引起对微商的一片打击声；之后，腾讯公司也做了一件大事，把所有参与多级分销的账号全给封了，还规定了“三级以内的分销是合法的，多于三级的分销是不合法的”。

于是，微商纷纷向三级分销过渡。但是我们会发现，很多微商体系还不是真正意义上的三级分销，还有些实质上是多级分销。真正的三级分销反而没那么容易裂变，因为很多做三级分销的公司对到底是应该做纯招商逻辑还是做产品销售逻辑自己也弄不清楚，处在一个比较尴尬的位置上不知所措。

到了第四阶段，也就是 2016 年下半年或者说 2017 年上半年，开始有很多人提倡不再多层级代理、不压货，产品要直接销售给消费者，而不是卖给微商，他们甚至还提出只要一级分销纯做产品销售。但这个一级分销或者说纯销售逻辑的渠道模式到底怎么做，目前还没有特别成熟的可以借鉴。

到了 2017 年，随着无数大品牌开始看重微商作为销售终端的力量、也开始打造自己的微商模式。他们都在提出产品销售为主的口号，这时，微商才是真正意义重新进入到产品销售的模式里来了。

我们期待 2018 年将全面开启微商销售逻辑的新时代!

我在 2015 年就提出了微渠道模式的销售逻辑，2016 年开了几期培训班培养微商总部操盘手，但因为我构建的模式是一级分销：就是总部平台 + 微商（微店）模式，消费者通过个体微商的微店下单，总部发货，加盟微商利用总部平台的系统：产品展示系统、营销内容系统、培训支持系统、客户服务系统的支持，来完成客户经营和维护。举个容易理解的例子，就像连锁专卖店，总部＋门店。

这种商业模式对经营者要求非常高，对团队成员的要求也高，做过连锁总部的人应该很容易明白，一个连锁总部如果你没有那些总部支持，你是不敢招募特许加盟店的，因为加盟者只是肢体，总部才是大脑。但人都是很容易浮躁的，或者说人性都是喜欢捡容易的做的，参加过我微商总部操盘手的学员没有一个尝试做一级销售模式的，有的还是在做三级或多级分销的招商逻辑。这里也有现实原因，绝大部分人自已也没有这个操盘能力，只能退而求其次，做招商圈钱逻辑的模式了。其实，微商从最初的代购开始的，代购本来就是给消费者代购，是面向消费者销售的逻辑。

从微商的发展历程中我们可以看到，微商会有两种模式：招商模式和销售模式。那这两种模式有什么本质的不同吗，或者这两种模式可以同时存在吗？

微商经营逻辑的演进趋势

微商发展到现在，有两种经营逻辑：招商逻辑和销售逻辑。

首先招商逻辑多是采用多级分销的模式。通常是以产品为中心，产品必须是自己的。因为对于做招商的人来说，只有自己囤货再卖给代理才能保证自己的最大收益。

而“销售”逻辑都是采用一级分销，是以渠道为中心，也就是以客户为中心，对于他们来说拥有了客户才会带来收益，客户需要什么就卖给他什么。例如，很多自媒体的经营者本质上也是微商，他们就是典型的销售逻辑，经常在公众号上卖产品，今天卖化妆品，明天卖家居，卖的东西五花八门。

“招商”逻辑下，产品往往都是单一的，目前我们朋友圈里的微商多是“招商”逻辑，常年只卖一种产品，而且卖的一般都是爆品，有时一个人的朋友圈里可能会出现好几个卖同样产品的人。

但是“销售”逻辑下，一定是卖多品类产品或系列产品。因为每个客户对单一产品的需求量都是有限的，在不招代理纯销售的模式下，卖单一产品养不活一个微商。举个例子，招商逻辑的人可以只卖牙膏，因为一个代理可以找他买 1000 支牙膏，销售逻辑就行不通了，一个客户通常只会买一支牙膏，而且要等到用完以后客户才会有再次购买的想法。

在“招商”逻辑下，产品一定是新奇的。因为他们主要不是卖产品，而是卖概念。看看我们朋友圈的产品，是不是都有一个新奇特的概念？比如有段时间，“有机”面膜，“负离子”饮用水，纳米防臭袜等微商产品纷纷出现，卖的都是一个概念。这些概念很多老百姓都是闻所未闻的，也不懂，但是加盟者会觉得高大上、有前景，占了先机就能赚钱。

但是在“销售”逻辑下，则一定是卖高质价优的东西，他们不玩那些虚的套路，因为他们要的是口碑和重复购买。在“销售”逻辑下，赚钱不是一夜暴富，而是细水长流。经营一个客户不易，因为一个小单就把客户做死，是得不偿失的。网易严选就在尝试微商模式，他们的产品都是经过精挑细选的，从工厂直达消费者，而且还特别便宜。

在“招商”逻辑下，聚集的都是想做生意的人，有发财梦的人，想低成本创业的人。

在“销售”逻辑下，针对的都是职业者，把销售作为一种职业来做。聚集的是一群跟自己同频道的人，例如，一个卖户外产品的微商，他可能加了几十个户外组织群体和社区，聚集的是一群跟自己一样喜欢户外运动的人。你会发现这种类型的微商，做得好的基本上都在玩“兴趣俱乐部”“爱好俱乐部”之类的东西，也就是我们俗称的“圈子”。他们主要是通过价值分享的方式获得认同、促进销售、得到报酬。

在“招商”逻辑下，经营特别简单，只要订货和发货就可以了。很多人认为只要自己成了一级代理，后面有了二级代理、三级代理、N 级代理后，不停裂变，就可以坐着数钱了，但结果往往是事与愿违，没有好产品，没有好的服务体系，再好的“招商”逻辑也不会成功。

在“销售”逻辑下，对微渠道总部的要求特别高。例如，大型企业可能有数万名微商，管理起来非常不容易。再加上所有的订单都由总部来负责发货，营销、物流这些工作也全都由总部来做，这就非常考验微渠道总部的运营能力和管理水平，但是这样的总部也特别值钱。

从微商的演进过程中，我们发现微商的实质也在发生着变化，过去的微商就是“卖概念、招代理”，2015 年之前，搞微商的都是在圈内循环，普通老百姓是不参与的，2016 年以后，很多大品牌都参与进来了，而且多半是以出让品牌使用权的方式来合作的。微商开始进入到普通老百姓中了，开始有人真正去购买和消费了。但是操盘手，依然以做会销的公司为主，他们从大品牌那里买来品牌使用权，找工厂 OEM，再以微商的方式来运作。2017 年以来，随着小米、网易严选等大品牌以及一些自媒体人的加入，微商的概念和范围变得更加广泛了，可以预见的是未来的微商“招商”模式一定会被淘汰，转向“销售”模式。这种模式下的微商一定是不囤货的，由微商总部来发货。并且我预测，从 2018 年下半年开始，微商将进入一个更高级的阶段——营销阶段。它的显著特点就是微商跟文化结合在一起，一些做文化的人通过内容营销的方式来做微商。这批人主要有三类：做自媒体的人、做品牌的人和做社群的人。

一是做自媒体的人，他们特别讲究“概念”，这个“概念”是特指文化性的概念，比如环保、人文、情怀等。他们影响的是一批自媒体的忠实用户。例如，有一家公司特别倡导现代生活理念，它的前身是一家文化传播公司，后来转型做有机食品，其经营模式就是通过做自媒体内容积累铁杆粉丝，然后卖产品。

二是做品牌的人，特别是一些做小众品牌的人，通过自身的影响力，在自己的小圈子里，以影响忠实粉丝的方式来做销售。

三是做社群的人，通过建微信群，建社群的方式来聚集一些社群经营，从而倡导一种社群化的消费模式。

按照我的推测，未来（估计在三年以后，这个时间不会太长）微商做得好的反而不是商人，而是文化人。未来都是用内容驱动销售，情怀驱动销售，情感驱动销售，因为“新人类”对精神需求的认同、情感的认同大大超过对产品的认同。

微商为什么能够成为渠道

我在讲微渠道会成为未来纯零售的主要渠道时，也会有一些传统经营者思路转不过来，他们最困惑的一个问题就是：一个小微商如何就能成为一个渠道呢？没有品牌和广告，微商凭什么能够卖得出东西呢？

任何产品要到达消费者手中都脱离不了营 销，没有广告，没有店招，靠什么来营销呢？你可以说这个产品真的非常好，价钱还便宜，但是光靠这个是没用的。其实微商靠的就是个人口碑，靠的是把自己卖出去，让别人信任他，他推荐的产品才能销售出去。

微商在什么情况下能够达成交易？通常都是你跟一个人之间先建立起密切的联系，彼此之间有了信任，有了感情，专业水准也能够影响到对方，那么即使你的产品不是大牌也能够卖得出去。因此，从理想的状态上讲，未来在微渠道模式下，产品可以不用在公共媒体上打广告，所有的广告费都可以省了，但通过几十万个微商营销造成的影响力远远大于广告营销的效果。

“85 后”“95 后”的“新人类”不信广告，只信口碑，因此未来打造品牌仅靠广告是没有用的。未来的产品，它的品牌是通过渠道（微商）来成就的，微商之所以能够成就品牌，是因为他成功地营销了自己，消费者因为信任他，从而信任这个产品。在众多这样的微商的共同传播和营销下，产品的口碑就建立起来了。

反过来讲，一个合格的微商也必须要会营销自己。他要精通一个领域，要能够帮人解决问题，要拿自己当案例去激励别人，要能够快速地跟别人建立关系，获得信任，还需要准确判断客户的需求点，把握好销售时机，所有的这一切都是需要技能的。因此，我认为未来的微商一定会成为一个标准职业，就像过去企业培训一个店长一样，企业也会对微商有一定的职业标准和准入门槛。很多企业试水电商、微渠道、自媒体，但效果并不好，因为他们只是形式上的模仿，而不懂其中的门道。

最后，我们来总结几个概念（如图 7–5 所示）。

微商

- 就是通过社会化媒体（如微信）卖货的那个人

微店

- 微商加盟总部后，基于总部平台开通的那个手机版的独立“微店”

微渠总部

- 招募并经营微商，给微商提供产品、培训、营销、服务等支持的那个总部

微渠道

- 是由微商总部、加盟微商、微店及网络系统平台共同组成的一个渠道

图 7–5　发展微商的不同逻辑方式

微渠道的核心竞争力

经营微渠道，其实是经营微渠总部，比过去的管理经销商要复杂得多。

其一，微渠总部是一家网络公司。因为它是经营网络平台，对于大型公司来说，它的规模可能不亚于京东。要求运营方的后台特别强大，对数据的处理能力也很强。

其二，微渠总部还是一家渠道公司，要管理数量庞大的微商和微店。

其三，微渠总部还是一家管理公司，也许没有自己的工厂，但是它要参与产品的研发和设计，至少要给标准，产品是由它来定义的。

其四，它还是一家营销公司。个体小微商发布的营销内容，在微信朋友圈和其他社交媒体上的分享的东西都是由微渠总部来制作的，就连微商的营销思路都是由微渠总部提供和指导的。

例如，随着微商的兴起，文案人才的需求量特别大，很多微商总部需要大量的营销文章、段子、图片、视频等来分发给它们的小微商。关注一下朋友圈，你会发现很多做相同产品的微商每天发布的内容几乎是一样的，因为都是由总部提供的。由此甚至催生了一批专门给这些微商总部制作营销内容的第三方公司，做得好的收入不菲。

其五，它还是一家文化公司。要管理好那么多分布在全国各地的微商，没有文化能行吗？更何况，根据我们前面的预测，未来的微商必须借助文化和内容，才能做得好，所以一个微渠道总部，它还得懂文化。

一个微渠总部，是由“微商总部 + 品牌总部 + 经营总部 + 产品总部 + 加盟总部 + 平台总部”构成的，是一个复杂的综合体，要做好难度很大，但一旦做好了，将具有很高的价值。

具体说来，微渠道有以下几个基本要素（如图 7–6 所示）。

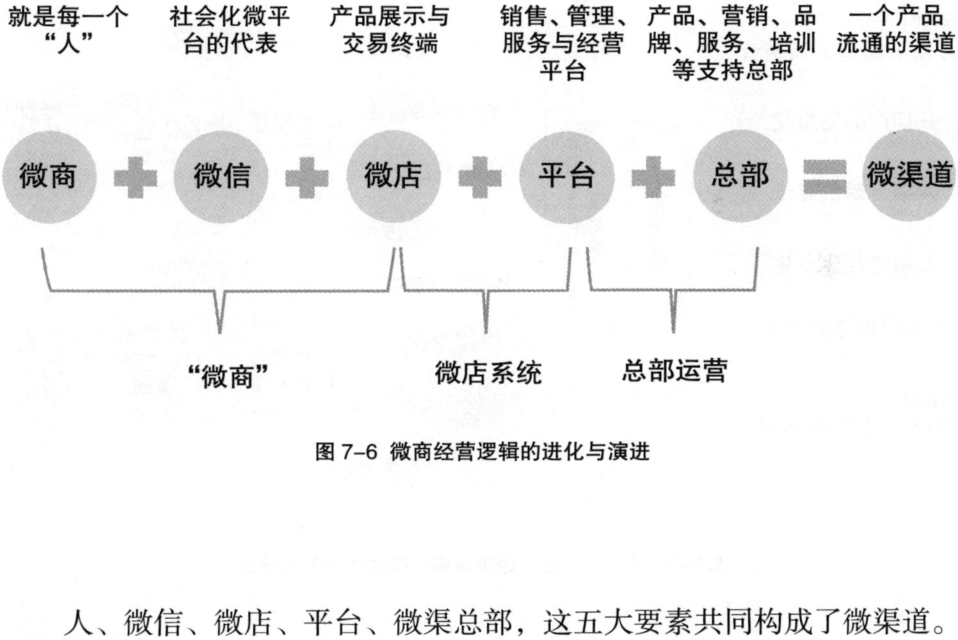

图 7–6 微商经营逻辑的进化与演进

人、微信、微店、平台、微渠总部，这五大要素共同构成了微渠道。为什么微商在五年前才出现呢？这是因为像“微信”这样有强大关系的社会化媒体的出现，才使得一个人可以同时影响数百人甚至数千人，让微商成为可能。目前，微商总部在产品、营销、服务、培训这一块还比较弱，但未来一定会加强。

现在我们知道了所谓的微渠道，就是由“微商 + 微店系统 + 总部运营”三大部分所共同组成的一个“通路”。为什么人能够成为渠道呢？这是因为在移动互联时代，一切都是信息化的，产品是信息化的（看到产品图片和产品介绍就可以下单），网络交易是信息化的（数字化支付就可以了），营销过程也是信息化的（在社交平台上通过口碑信息的分享），而人又是所有信息的载体，也就是信息的传播者（如图 7–7 所示）。

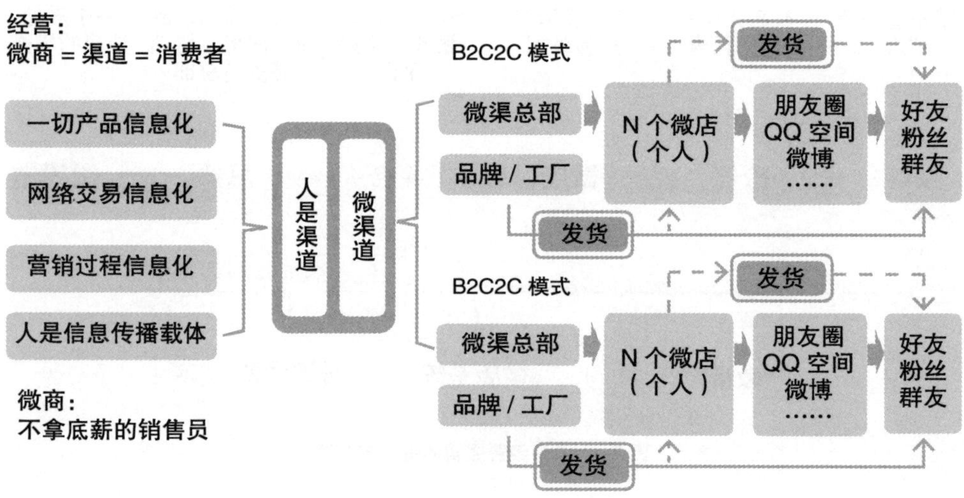

图 7–7　微商、微店、微渠总部，微渠道的基本概念

我们发现，在过去的落地零售时代，店招、广告是入口，店铺是载体，在电商时代，搜索引擎（流量）是入口，平台是载体。

但是到了移动互联网时代，店招、广告没用了，因为“85 后”“95 后”

不信广告，只信口碑；单纯的搜索引擎的效果有限，因为信息的高度泛滥导致流量的成本很高。

一家卖宠物食品的店铺，淘宝上卖同款产品的有成千上万家，倘若不花钱购买流量，使自己的排名靠前，那么消费者根本就找不到你。这就是为什么电商越来越难做的原因，普通的商家没有那么多钱去购买流量。

在微渠道中，产品信息是入口，人是载体。不需要店铺，也不需要类似于“淘宝”那样的平台，只要人愿意把商品信息传播出去，就有了入口，有了销量。人充当了载体的功能，因此在微渠道中，人就是载体。

经营微渠道，就是经营人。微商总部经营好微商这个人群，微商经营好忠实客户这个人群。虽然这是最难的，但是做好了，也是成本最低、效果最大的。尤其对于普通企业和创业型的企业来说，微渠道是最可行的一种构建渠道的模式，它不需要很大的启动资金就能打造渠道。

我认为未来微渠道一定会成为纯零售的主要渠道模式之一，这是因为与所有的渠道模式相比，微渠道是最高效的模式。我们从实物流、所有权流、付款流、信息流、促销流这五个方面来说明（如图 7–8 所示）。

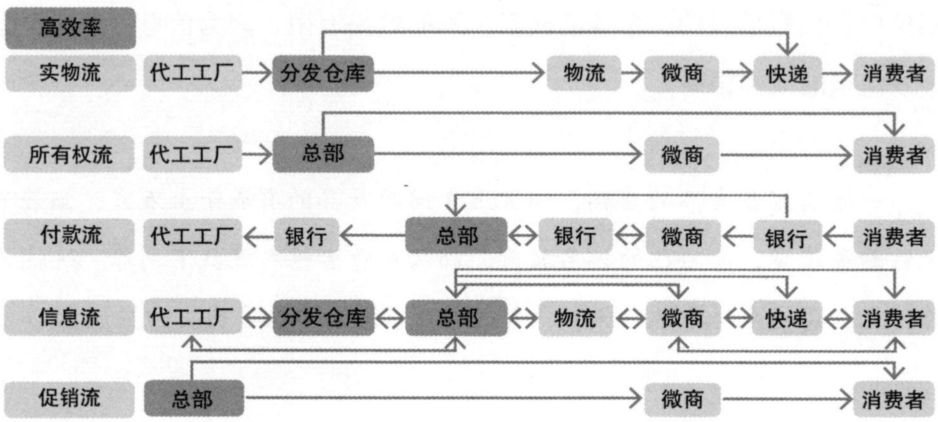

图 7-8 微渠道的基本要素

其一，从实物流来看，在微渠道模式下，产品由总部仓库通过快递直达消费者，不经过任何经销商的转手，环节最少，可以最大限度地减少仓储的成本。

其二，从所有权流来看，传统的渠道商品从总部——全国总经销——省代——市代——小批发商——小超市要经过多次所有权的变化，每一次都意味着提高了成本，但是在微渠道模式下，产品的所有权由总部直达消费者，省去了所有的中间费用。

其三，从付款流来看，过去的传统渠道付款流也很复杂，渠道最长的要经历十几次，所以产生了大量的应收款和三角债、多角债。而在微渠道模式下，消费者直接向总部支付，实时付款，特别清晰，避免了压款和欠债的情况。

其四，从信息流来看，过去的传统渠道信息非常滞后，都是有了产品再去销售，销售之后才有真正的需求信息反馈回来，即使产品不受欢迎，也无法补救，就形成了大量库存。而在微渠道模式下，则可以先收集信息，先接单再生产，这样做不仅可以实现零库存，还可以省去不必要的浪费。

其五，从促销流来看，在过去的传统渠道下，客户掌握在各级经销商手中，因此促销需要层层传达，最后落实到由经销商去执行，是一个极其庞大的工程，不仅时间上难以做到及时，还存在经销商不严格执行的难题。而在微渠道模式下，因为由总部统一发货，所有的客户信息都掌握在总部自己手中，总部完全可以自己统一发送促销信息，既及时，又准确，成本还低。

由此可见，微渠道的效率非常高，省去了所有的中间环节，几乎是零售的终极状态了，因此具有很大的优势。

微渠道经营的机遇和难点

哪些产品适合做微渠道呢？大众化的产品，特别是快销品。

其一，微渠道特别适合售后简单的产品，最好是没有售后，同时还要具备消耗品的特点，可以重复购买。

其二，微渠道一定得是高品质的产品。因为只有高品质的产品才能带来重复购买和形成口碑。从人的心理角度讲，垃圾产品也没有人愿意传播，根本不好意思推荐给自己的熟人和亲友。

其三，微渠道的产品还要易于展示，易于传播，易于流通。

其四，当前情况下，微渠道的产品还要具备一定的稀缺性，因为微渠道要和传统渠道竞争。还要具备一定的利润，利润越高越好做。实际上，符合这种要求的产品是很多的。我们生活中用的很多产品实际上是很便宜的，只是因为中间环节太多，导致消费者拿到手的时候不便宜。

我们发现，符合以上四个条件的产品真的是太多了，而且当前的环境也给微商提供了机遇——线下落地零售和电商都遭遇瓶颈，给微渠道的发展提供了土壤。

再者，正如我们前面所讲，经营微渠道就是经营人。

但是，要把微渠道经营好也不是一件容易的事。打造微渠道总部有六大环节（如图 7–9 所示）。

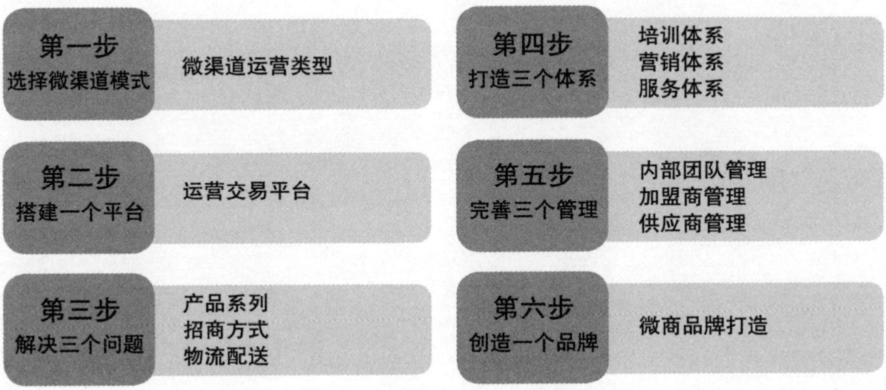

图 7–9 微渠道模式的六大环节

这六大环节，跟过去的传统经营完全不同，对传统经营者来说也很陌生，因此很多人都会觉得做起来太难。特别是微渠道的培训、招商、物流、营销这一块，传统经营者是完全不懂。这也是为什么很多人试水做微商但却做不好的原因。

在这六大环节中，核心环节是人，能否做好也取决于人。它跟投资（也就是钱）的关系没那么大，到今天为止，投资最大的微商总部也就几百万，人员特别强大的 100 万就能做。

它最难的环节都是卡在“人”上，在微渠道中，商业运作的两大能力：运营能力（培训体系、营销体系、服务体系）和管理能力（内部团队管理、加盟商管理、供应商管理）都是靠人来实现的。特别是加盟商管理这一块，微渠道做大了，加盟商可以达到几十万人，如何管理好这些人，也是一个挑战。

无人模式是拯救线下零售的一剂良药吗

继“共享”风潮之后，无人零售正在被推上新的风口。继亚马逊布局Amazon Go概念店之后，阿里巴巴秀出淘咖啡无人店，与此同时，国内无人便利店线下零售新业态在迅猛发展。当前盒马鲜生、便利蜂、缤果盒子、F5、未来商店、24爱购、Take Go、神奇屋等无人便利店都纷纷冒了出来。这些无人便利店打着“消灭收银员、消灭导购员、消灭服务员”的口号，一时间风头无两，被热议为新概念、新风口。

很多人似乎从中看到了线下零售发展的契机，认为随着无人技术和人工智能的应用，线下零售也可以达到线上那样的低成本，重造辉煌。真的是这样吗？无人模式是拯救线下零售的一剂良药吗？我们现在就来分析一下。

首先，无人技术最大的亮点就是砍掉了人工成本，减掉收银员、导购员的人工成本以及更小的空间。但是我们必须明白一点：无人零售中，无人只是一种技术手段，其本质还是零售。虽然导购和售货员是零售的组成部分，但从整个流通链条来看，他们可能从来都不是零售最核心的环节。

在零售行业，货品周转率决定经营效率。无人模式虽然砍掉了人力成本，但有人模式则意味着物流、仓储、店面管理都处于并行状态，而无人看守则是将仓储、物流分开，意味着又要有额外的成本支出，这会导致货品周转率变慢，甚至会让食物的保鲜与更换等方面的体验变差。

缤果盒子首家无人便利店开业没几天就“停运”了，在上海35度的高温情况下，缤果盒子室内温度竟高达40度；即便开足了空调，室内气温依然比室外高4度。货架上的甜甜圈糖和巧克力都有融化迹象。最后该店贴出“由于技术调试，暂时停运”的通知。

对于这个案例，业内人士认为，无人技术尚不成熟就被过度吹捧，没考虑到实际应用场景。

实际上，就是在过去的传统零售业中，看上去完全一样的两家零售店，因为背后数据储备量和运营管理能力的不同，会在货品选择、流转、陈列上体现出巨大的差异，最终形成周转率和利润上的差别。因为消费者的体验永远都是最核心的。对于消费者来说，在合适的时间买到想买的东西是最重要的。过去都是靠导购和理货员来完成货品的及时补充，无人模式则要依赖大数据。这对企业的管理水平要求非常高，技术要求也很高，所以最终能实现无人零售的商家应该只是极少数。

其次，无人模式的成本真的很低吗？

无人模式只是省去了收银员、导购员的工资，但是收银员、导购员的人工成本并不高，对店铺的利润营收影响非常微薄。

虽然节省了收银员的人工成本但多了半个贴RFID芯片的人工，另外还增加了3%~10%的物料成本及很多额外的成本。比如，店铺和货架改造成本。供货、店内环境维护，营销、补货、货架整理、清洁等成本以及防盗防破坏、被人私自放置病毒二维码等诸多方面的成本。

此外，还有技术成本。例如，为了支持无人技术而购置的硬件设备，全方位的摄像头和人脸识别技术，监控系统与远程客服等，就拿亚马逊来说，Amazon Go就因为成本过高及技术缺陷，目前很难实现大规模复制开店。

再次，无人模式需要更多的物业配套，而物流成本和商品管理等后台成本并没有因为无人而减少，而且耗电量还特别大。

有人曾组团去广州“F5未来商店”体验过，该店目前有三种购买方式：一是通过移动端下单，到邻近的F5门店取货；二是在店内的自助终端下单，机器取货；三是通过店内的商品墙扫码下单，机器取货。

尴尬的是，很多人发现店内缺货非常严重，最夸张的有个人扫码买了近10样商品，全都因为没存货导致交易失败。

不仅如此，店内的餐椅上坐满了人，但实际在店内消费的人很少，大部分人是在里面乘凉、充电、上网或者休息。

由此可见，无人零售虽然节省了部分人工成本，但管理成本一点都没有降低，甚至可能更高。由于无人零售的规模较小，货品不丰富，客单价也比传统的有人模式略低，因此如果不能采取有效的方式多渠道吸引人进店，那么营业收入会降低。

此外，信用问题也是无人售货商店需要面临的一大挑战，比如顾客恶意弄乱商品，破坏店内卫生，或者有人故意遮挡住摄像头，还有人拆掉芯片逃避付款等。

当然，这些都还不是最主要的，最重要的是无人模式依然解决不了商圈半径的问题。只要是线下模式，就解决不了这个问题。无人模式的店跟任何其他的店铺一样，只能吸引附近三公里以内的人。由于无人模式极度耗电，管理较难，因此规模很难做大，大部分都是些小型店铺，目前一般都是以小型的便利店为主。小型的便利店产品不丰富，价格不便宜，不值得消费者跑太远，商圈半径可能连3公里都达不到。与此同时，也还是要面对网络渠道的分流和周围同行的竞争，客流量难以保证。倘若无人模式疯狂增长、竞争激烈，未来可能也同样面临关店潮。

最后，站在“新人类”的角度思考一下：无人模式真的是“85后”“95后”喜欢的场景吗？其实未必。消费者永远只关注自己花了多少钱，而不会关注企业的成本是多少，不关注你努力了多少，他们唯一的判断标准是自己是否喜欢。对于“85后”“95后”的人来说，他们比过去的消费者更重视购物体验，能否打动“85后”“95后”，有没有人并不是关键。因此，我认为无人模式给零售业提供了一种新的尝试，它会有一定的市场，但不会成为主要渠道，更不可能因为有了无人模式，线下零售就能重新兴旺，未来的纯零售一定还是以线上为主的。

渠道竞争让全渠道变成了伪命题

现在很多经营者在推崇和炒作一个概念叫作“全渠道”，意思是商家可以构建多种渠道，既做线上也做线下，很多人把新零售理解为“线上”和“线下”相结合的方法。对于这个观点，我是不认可的。

因为渠道之间是有竞争的，任何一种渠道都会攻击其他的渠道。倘若没有竞争，倘若全渠道存在，就不存在落地门店倒闭的问题。正因为渠道之间的竞争关系，全渠道经营才成为一个伪命题。渠道之间的竞争达到了什么程度，我们可以看一个数据（如图 7–10 所示）。

争	线上	生和死	线下
占有率	12.6%~87.4%		87.4%~12.6%
销售额	5 万亿元~33 万亿元		33 万亿元~5 万亿元
用户比	4.48 亿元~9.52 亿元		9.52 亿元~4.48 亿元
客户群	“75 后”~“75 前”		“75 前”~“75 后”

图 7–10 微渠道的核心竞争力

我们可以看到，2015 年的国民总消费额是 29 万亿元，2016 年的是 33 万亿元，没有增加多少，现在有人预估 2017 年国民总消费额也就是 34 万亿元左右，不会太高。

这意味着什么？国民消费总额是一定的，增加的空间不大。也就是说蛋糕就那么大，这个渠道分得多了，那个渠道就分得少了，所以彼此之间必定是一场你死我活的争夺。

2015 年的线上消费额是 3 万亿元，2016 年的线上消费额是 5 万亿元，中间相差的 2 万亿元是从哪里来的？显然是从线下抢过来的。

2015 年线下购物的活跃人数是 9.5 亿人，但是线上的活跃人数已经占到了 4.48 亿人。马云说 2017 年将会突破 8 万亿人。这增加的人是从哪里来的？大部分是从线下抢过来的。

我们再深挖一点，线上的那 4.48 亿人都是什么人？大部分是年轻人，也就是“85 后”“95 后”这群“新人类”。但是这部分人要想再增加，也不太容易，因为小孩子是不消费的，青少年不会一夜之间就长大，他们要成长为消费者还需要几年的时间。那么线上的渠道经营者想要让消费者增多，想把蛋糕做大，唯一的方法就是去改变“50 后”“60 后”“70 后”，把他们争取过来。这就意味着线下的市场空间会被严重压缩。

所以，全渠道这个概念是不存在的，线上渠道和线下渠道必定是一场你死我活的战争。

马云的无人超市现在很火，是一个热门话题。很多传统经营者仿佛从中看到了一个信号：零售又要回到线下了，连马云都在搞线下了。真的这样吗？

不仅如此，马云收购了好几家落地商场、超市，这些线下商超一直在赔钱，但是马云仍然去收购他们，这真的是因为他看好线下渠道吗？

说白了那只是一个流量入口而已，把超市买了、商场买了，那些地方有大量的人流，大部分是一群“60后”“70后”不上网的人，他从买下这些入口的第一天开始，就去教这些人，教他们如何扫描二维码，如何使用支付宝，告诉他们以后会直接发促销信息给你，直接在网上下单给你送过去，不用来商场了。渐渐地，“60后”“70后”也会变成线上流量。

马云买优酷就是买流量入口，因为互联网时代，人头和流量是企业最大的财富，买人头是要花钱的，采用这样的方式去花钱跟打广告花钱没有本质的区别，效果可能还更好。

现在很多新型经营者都明白这个逻辑，比如阿里当初买雅虎中国，很多人说花二三十个亿把它买下来，就这样关掉了不可惜吗？实际上它买的是人头和流量，已经把雅虎中国所有的用户群都拉过来了，就可以关闭了。

所以我们说，全渠道实际上是一个伪概念，渠道之间是一场你死我活的斗争。传统经营者如果看不懂这一点，而是盲目地进行线下扩张，很可能就是死路一条。

第八章 >>>>>

新品牌——传统的产品品牌还能走多远

新环境下，产品品牌的生命周期越来越短，
塑造产品品牌的性价比已经越来越低，
品牌塑造逐渐由产品品牌向渠道品牌转移。
以前塑造品牌靠广告，现在塑造品牌靠口碑，
过去的品牌只是一个标识，而今的品牌内涵更丰富，
现在品牌的塑造方式跟过去已经完全不同了。

百年品牌“柯达”之死，曾经震惊了整个商业圈。以做相机闻名于世的柯达，最早创立于1880年。在1888年，伊斯曼公司推出了柯达盒式相机，拍照变得前所未有的简单：用户只需按下快门，即可捕捉到想要的画面，业余摄影者也可以拍摄出质量上乘的作品。自此之后，柯达辉煌了一个世纪，成为著名的胶卷王国。然而，这家百年品牌于2013年却走到了尽头，宣告破产。

柯达为什么会死，有人认为它是技术落后，也有人认为它内部腐朽，管理混乱。但实际上，柯达的衰落远非“它错失了数字化”或“它没能收购（或开发出）Instagram”这么简单。一位美国的学者指出：柯达真的是被Instagram取代的吗？它难道不是被苹果、三星和其他取代了照相机的智能手机制造商们取代的吗？难道不是被这些提供了柯达胶片替代品的网络提供商、数据中心和设备供应商们取代的吗？

柯达之死，实际上跟技术无关，跟内部管理无关，仅仅是因为：产品本身被时代所淘汰，人们不再需要胶片相机。“85后”“95后”的消费者只需要一部自带美颜相机功能的智能手机，拍完照就可以直接从手机里分享转发，简单便捷。胶片相机、收音机、CD，这些东西都已经被时代抛弃了，包括日本的东芝等老牌企业之所以走向衰落也是这个原因。

我们会发现：人类自从进入互联网时代后，产品的更新换代已经越来越快。

这正好验证了我们前面提过的一个观点：大众化的品牌日渐消亡。在互联网时代，产品的更新周期缩短，产品本身已经不存在了，那附着在产品上的品牌还存在吗？

传统的产品品牌还能走多远？我认为，产品的存活周期将越来越短（如

图 8-1 所示）。

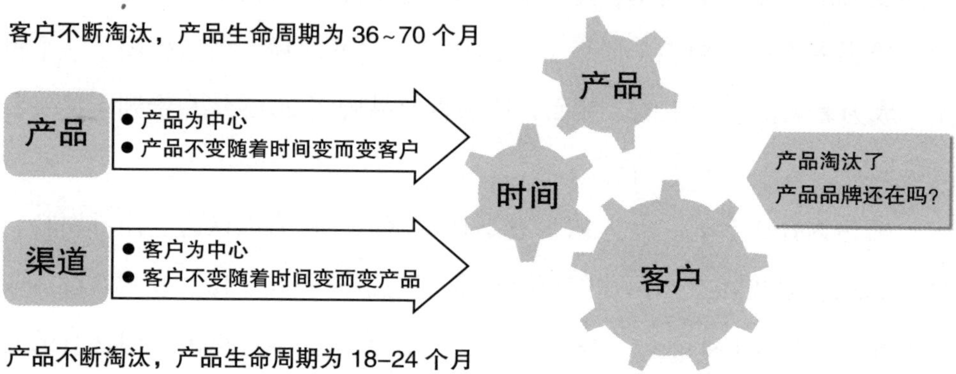

图 8-1 传统产品的品牌的存活周期

产品的生命周期会越来越短，根据预测，未来产品的生命周期平均只有 36~70 个月，这个数据很多传统经营者都难以置信，为什么会出现这样的情况呢?

正如我们前面所讲，未来企业的经营逻辑与过去相反。过去是先有产品，再拿产品找客户、找销路；未来的零售则是先把客户储存起来，根据客户的需求去提供相应的产品。

未来的企业一定是以经营客户为中心，以客户的需求为出发点。在客户不变的情况下，唯一能变的就是产品，因为客户的需求会改变。

做罗辑思维公众号的罗胖，他的客户群体总体上不会改变，但是随着客户年龄的增长和需求的改变，他只能迎合客户的需求来改变产品。

从这个意义上讲，塑造产品的品牌已经毫无意义。

有人会说，我可以换客户，这是不现实的。新零售是“主动寻找客户”，而不是“等客上门”，是以经营客户为中心的，因此客户很难改变。况且，就算你换客户，新的客户又会有新的需求。

我曾经做过孕妇和婴幼儿用品，做了几年后，原来那批客户的孩子都长大了，不会再光顾我了。那么你能选择换新的客户吗？很难，因为在互联网时代，新一代的消费者追求个性，口味多变，喜新厌旧，他们的需求是千差万别的。“95 后”跟“85 后”相比，他们的需求都差很多，不同的社群之间需求也不同。

在新零售模式下，换客户的代价往往比换产品的代价要大得多。因此，产品的生命周期只会越来越短。在这种情况下，塑造产品品牌性价比再低也没有意义。随着科技的发展，产品更新换代的速度越来越快。有很多科学家预测：未来五年，连手机都有可能会消亡。

根据我们过去的经验，通过广告的方式打造一个品牌，直至达到家喻户晓的程度，通常最短也需要 1~2 年的时间，而如今产品的生命周期已经变得越来越短，打造产品品牌已经失去了它的价值。那么未来的品牌到底该如何塑造呢？

“新人类”眼中的品牌是什么样子的

我们有没有思考过这个问题？在“新人类”眼中，到底什么是品牌？

过去，在传统经营者眼中，品牌很大程度上就是一个“醒目的标识”，绝大多数时候它仅仅是跟“知名度”挂钩。例如：一些知名品牌在介绍自家产品时，会非常自豪地说：“我们这个品牌在央视做过广告，全国人民都知道。”消费者对品牌的认知也仅限于知名度，对于“60后”“70后”的消费者来说，只要在知名媒体上做过广告，他们就会购买。

把品牌经营的层次更深一点的，会加上“美誉度”，这个“美誉度”主要是产品的质量和功能层面。例如：IBM电脑，大家一提到它，就会说“这个牌子不错，质量可靠”，包括“华为”，它最开始也是因为质量可靠被大家认可的。这些品牌在“60后”“70后”消费者的眼中，意味着质量好、信得过，愿意购买。

但是，知名度高、质量好、价格公道，甚至服务好、售后好……这些因素统统都不能成为“85后”“95后”的购买理由，这些仅仅是个产品基础。“85后”“95后”的消费者购买的是个性、设计、外观、情怀、情感链接、拟人化……这些产品背后的延伸价值，这些才是“新人类”购买的决定性因素。这些是过去的大众品牌塑造中根本不具备的。

因此，我们会发现，“85后”“95后”的“新人类”几乎不认“传统的牌子”，也就是那种企业花大量的精力、金钱，用无数广告砸出来的“牌子”，也就是“曝光度”和广告“知名度”高的品牌。这一点，我们可以从很多地方找到例证。

我们经常在报纸上看到一些传统品牌大量库存积压的新闻，美特斯邦威、红豆、森马等品牌的库存逐年增加，甚至突破了20亿元，这固然跟企业的经营和战略有很大的关系，但是我们深层次挖掘一下：同样的经营战略，为什么近几年库存问题开始变得突出呢？原因就是，品牌的认可度过低。过去这些牌子都是高高在上，从来不愁卖不掉。而现在，“85后”“95后”不认这些牌子了：你的设计不合我的胃口，你的风格不是我喜欢的，你的调性不符合我的风格……你的这个牌子我不认。这就是“新人类”的态度：不是你花多少钱做广告我就认你，也不是你有多大的广告知名度我就认可你，更不是你认为自己是个品牌我也把你当成我的品牌。

我们会发现，很多“85后”“95后”情愿花更多的钱去唯品会、淘宝天猫、网易优选上买一些不知名的品牌，也不愿意光顾这些大众品牌，尽管它们的价格很便宜。

统计一下，我们就会发现：很多传统的大众品牌（服装品牌、电器品牌、食品品牌等）在“新人类”中的认可度越来越低，市场越来越小。例如：海尔冰箱曾经一直以质量好成为国人的骄傲，但是很多“新人类”却对它不“感冒”，一个很大的原因就是它的外观不是“95后”喜欢的风格。

这就是我们前面所讲到的一个观点：“新人类”是个性而理性的一代人，他们不认广告，不认品牌。在他们的眼中，品牌只不过是靠广告砸出来的一个标签，没有任何附加值，跟其他不知名的产品相比，没有差别。

因此，你的品牌在我的购买中能起到的作用非常小，甚至可以小到忽略不计。

那么，所有这些是不是意味着在“新人类”的眼中没有“品牌”这个概念呢?

也不是。在“新人类”的眼中，也有很多他们所喜爱的品牌，比如“宜家”“优衣库”“唯品会”，它们都不是产品品牌，而是渠道品牌；再例如“三只松鼠”“江小白”等新兴的品牌，在年轻人中很受欢迎，这是因为这些品牌做出了产品的延伸价值，如情怀、格调、创始人的个人魅力等，这些延伸价值让品牌变得独一无二；还有一些品牌，如“小米”“锤子”“逻辑思维”等，消费者都是因为它们背后的创始人而喜欢这些品牌。

在新的时代背景下，品牌的影响力依然存在。如今市面上讲新零售、新品牌，多数是在强调“小众品牌”的兴起。但是在我看来，在“新品牌”的塑造上，“小众品牌”的塑造只是冰山一角。我们所强调的新品牌，不是细节上的修修补补，而是品牌的整个塑造逻辑都要全面颠覆，主要体现在：品牌的塑造方式跟过去完全不同，不再是只靠广告，不再只是强调功能，而是有着更为丰富的内涵；品牌的塑造将由产品品牌向渠道品牌转移；品牌塑造进入到个性品牌时代，“人”成了塑造品牌的关键因素；过去的品牌只是一个冷冰冰的标签，同类品牌之间差别不大。

现在，新的品牌塑造重视文化、情感、情怀、态度等因素的植入，品牌具有拟人化的特点，变得独特、精准而非大众。

新品牌的形成与过去完全不同

关于未来品牌的塑造，我有一个观点，叫作“大众品牌模式消亡”。大众品牌模式是指利用各种公共媒体用广而告知的方式面向大众做品牌宣传，让所有普通老百姓都知道的品牌，靠广告砸出来的品牌，这种品牌塑造模式在未来会消亡。

因为在“新人类”消费者时代，品牌的形成跟过去是完全不同的（如图 8–2 所示）。

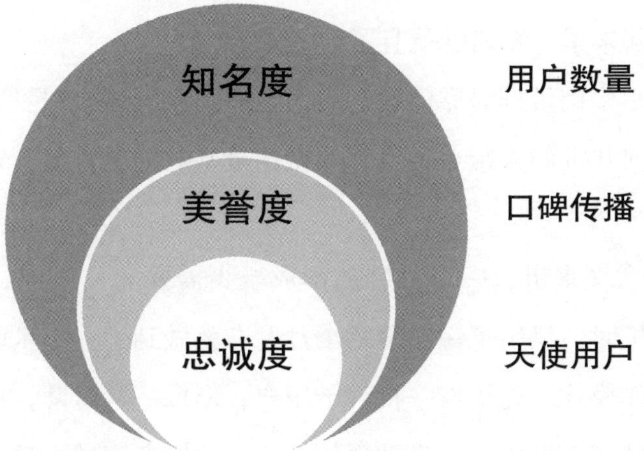

图 8–2 新品牌的形成

过去传统经营者塑造品牌的模式是这样的：先打广告，用广告轰击知名度，知名度越大，来订货的经销商就会越多，品牌回款就会有了，继续把回款投入到广告中去，货在各种销售通路中（超市货架、商场专柜、专卖门店）越铺越多，也就会让更多消费者看到买到，消费者用过之后觉得产品还行，美誉度也就有了，美誉度有了以后，大家觉得服务也不错，然后忠诚度就有了，品牌就这样建立起来了。

然而，移动互联网时代，面向“90后”人群塑造品牌的逻辑是这样的：你先找一千个天使用户来免费帮你试吃、免费帮你试用，然后大家觉得不错都会说好，这些天使用户的忠诚度就有了，当天使用户有了忠诚度以后，这些天使们就会把产品信息分享扩散到自己的朋友圈和网络社交平台上，用口碑影响他周围的朋友、同学和亲近的人。这些人很容易被天使用户们影响，因为天使是他们最信任和最亲近的人，他们也很容易成为第一批尝试级付费用户，当他们也购买体验感觉不错就会继续产生好口碑，他们的周围又会形成一批忠诚客户，这时美誉度就有了，然后他们又扩散出去了，用户量就多起来了，知名度就有了。

淘宝上很多销量排名靠前的产品，包括很多新品牌都是这样做起来的。他们就是靠前几批的人帮着做口碑和做销量基数把美誉度、知名度做出来的。

从传统意义来讲，一个品牌的形成至少需要8～10年，但是小米卖两千万台手机时，只用了一年零两个月左右就做到了。小米就是通过互联网的品牌运作模式，先培养一批种子用户，形成一些口碑，再用这些口碑带动后续的销售，形成一个良性循环，渐渐地知名度越来越高。小米用了一年时间就从一个创业品牌变成了一个知名品牌，而它在此之前没有在大众媒体上做过任何广告，主要是通过社会化媒体靠客户制造口碑形成的品牌。

不仅品牌的塑造方式跟过去不同，在品牌的内涵塑造上，也跟过去完全不同。过去的任何一个广告几乎是围绕着产品的功能、成分、质量等内容做文章。

但是现在呢？现在的品牌塑造靠口碑。靠传达认知、文化、精神和理念等内容来塑造品牌。

什么样的产品消费者会愿意主动帮助传播呢？仅仅只是因为功能吗？

这是不可能的，看看朋友圈和社交媒体就知道了，仅仅只有功能而没有体验到其他附加的精神和文化价值的产品，“85 后”“95 后”是不会分享的。

“85 后”“95 后”分享一样产品，往往与功能无关，而是因为一些其他的因素，例如：有的人分享是因为它有趣、好玩、外观漂亮、有个性；有的人分享，是因为这个产品表达了一种态度，这种态度引起了他的共鸣；有的人分享是因为该品牌中所传达出来的感情；还有的人分享是因为喜欢该品牌背后的那个人，是他的忠实粉丝等。

过去的大众品牌几乎都是靠广告砸出来的，往往只是一个标识，缺乏更多深层次的品牌内涵，缺乏情感、文化、态度层面的东西，这样的品牌是得不到“新人类”的认同的。因此，这类大众品牌在未来一定会消亡。未来的产品品牌塑造比过去要复杂得多，品牌内涵也要丰富得多。一旦上升到文化和精神层面，那它一定就有排他性，就会自动变成“小众品牌”，这个小众的说法是区别过去的“大众品牌”的说法，指的是“它只能是特定人群的品牌”。

如今流行的“小众品牌”的崛起，就是大众化品牌消亡的一个体现。有很多“85后”“95后”特别崇尚那些小众的、个性化的品牌。现在你跟“85后”“95后”说一个广告里的品牌，他可能不知道。他跟你说一个品牌，你可能也没听说过。很多“新中产”喜欢买一些小众产品，价格还死贵，说出去很多人没听说过，但是他那个圈子里的人都知道。在他的社交圈里，这个品牌就是逼格的象征，同类人群的象征。这些品牌也许没有在大众媒体上做过任何广告，但是它所传达出来的态度、理念等却征服了一批批忠实的追随者。

大众品牌消亡的另一个明证，就是很多曾经买下各大电视台黄金时段、风光一时的大众品牌，现在都开始走下坡路了。但这并不表示品牌不重要了，而是“新人类”对品牌的内涵要求更高了。过去靠广告轰炸就能造就品牌，如今这一套不管用了。“新人类”眼中的品牌，不是“大众化、知名度高”，而是“有个性、独一无二”，你无法靠一个标签去说服“新人类”，只能依靠独一无二的品牌和文化内涵去征服他们。

实际上，对于懂得新品牌塑造逻辑的经营者来说，在新的品牌塑造逻辑下，可能花费的成本更低。过去的品牌塑造是那些实力雄厚的大企业所特有的，普通的小企业、创业者想都不敢想。但是，现在有很多普通的创业者，用很低的成本快速打造出一个很成功的品牌，如“江小白”“三只松鼠”等。

可以说，品牌的塑造逻辑已经全面被颠覆了，这对传统经营者来说，既是挑战，也是机遇。只有转变思维，理解这个新逻辑，才有可能把危机变成机遇。

未来渠道品牌将替代产品品牌

除了未来的品牌塑造方式完全不同之外，我还有一个基本的观点，那就是未来一定是经营渠道品牌，而不是产品品牌。

渠道品牌是指什么？它就是一个经营渠道的品牌，也就是说这个卖场是品牌卖场，但是里面的商品却来自于不同的工厂和供应商生产。

过去的产品品牌，是在产品上打一个商标。但是你去宜家，你能看到任何产品上面有商标吗？没有。包括日本的无印良品，还有现在很火的名创优品，你看不到任何商品有商标。

很多人在唯品会上买过东西，这上面的品牌消费者都知道吗？绝大部分都没听说过，而且价格还不便宜。但是很多人会买，因为他们相信唯品会，所以忽略了那些牌子。

再如网易严选，我经常会在网易严选上买东西，从来不看牌子，因为很多都是国外的牌子，我以前也从来没有接触过。我为什么会买？因为我相信网易严选这个渠道，它上面的商品已经是买手精挑细选过的。我之前的购物体验也都不错，所以我相信它，同时忽略了商品本身的品牌，因为我不了解这些品牌，它们对我来说没有任何参考意义。我反而更相信那些没有明确标识，就是网易严选委托工厂生产的品质上佳的产品。

这就是渠道品牌，现在最火的零售都是这种类型的。这些渠道品牌内的商品都是来自不同的工厂，不同的供应商。例如宜家全球有1300个供应商，无印良品也是面向全球供应商采购。这些卖场内的商品，任何单个的产品都不是品牌，但是到了卖场就成了品牌，因为卖场本身是一个品牌，这就是渠道品牌。

为什么未来一定是塑造渠道品牌而不是产品品牌呢？

其一，随着未来产品的生命周期越来越短，很多产品都将随着时代的变迁、科技的进步而逐步走向消亡，前面我们讲过的柯达相机、索尼CD都能说明这个问题。当年电脑刚刚兴起时，众多品牌争鸣，短短十年时间，台式电脑彻底没落，就连笔记本电脑如今也已经没落了。

其二，“新人类”本来就对产品品牌不“感冒”，他们对渠道品牌的接受度非常高。例如上面我们所讲的唯品会，消费者认可这个渠道，因此渠道上的任何不知名品牌都愿意买。那么，为什么要去塑造产品品牌呢？塑造渠道品牌毫无疑问成本更低，性价比更高。我们不妨思考一下：单个产品不打广告、不打品牌后，成本是不是下降了？例如，一件品牌服装，在打造品牌的过程中所产生的一切费用，其实都附加到了每一件衣服上。

依然以唯品会为例，为什么唯品会不卖著名品牌呢？其实，唯品会最初成立时是卖知名品牌的，当时它是一个帮各种大牌服装甩尾货和清库存的地方，而且那些名牌的品牌费用已经附加在每件产品上了，所以价格并不便宜，再加上款式不新颖，并不受年轻人的青睐。后来，唯品会改变了它的运营策略，重新进行了定位：在同品质、同材料的产品中，我的价格是最低的。

它开始通过采购一些不知名工厂的产品，对质量和设计进行严格把关，把价格降下来，质量和设计依然有保证，同时它的款式也是当季的最新款，这吸引了“85后”“95后”的目光。

唯品会就是通过这样的方式，花钱打造渠道品牌，弱化产品品牌，渐渐地人们只注意了渠道品牌，而不再关注单个的产品品牌。

其最大的优势，就是价格变低。渐渐地，在“85后”“95后”消费者的眼中，唯品会具备了“性价比高”这样的品牌形象，是“商场的质量，网购的价格”。当“新人类”认可了这个渠道品牌后，这个渠道里面的任何单个产品他们都愿意相信并购买。这种塑造品牌的方式，比塑造单个服装品牌的性价比高得多。

为什么未来是塑造渠道品牌而不是产品品牌呢？还有一个原因就是未来对品牌塑造的内涵要求非常高，“新人类”不再只相信一个商标。它们要求品牌要有内涵、有个性、有态度、有情感文化等。正因为如此，经营者在塑造品牌内涵时，其定位非常精准。

做“罗辑思维”公众号的罗胖，他的客户是什么样的人呢？是一群喜欢逻辑思维的人，大部分受教育的水平较高，爱好学习和思考，只有这类人才有可能成为他的客户。他要每天进行内容制作，用精彩内容去吸引客户，并将自己的生活理念、态度、情感、情怀包括自己的个人魅力等传达给它的客户，才逐渐形成逻辑思维这个品牌。

正因为他的定位极其精准，所以它的客户很难改变。倘若他只是塑造单个产品的品牌，一旦客户随着年龄的增长而改变需求，那么他花大力气建立起来的品牌也就失去了价值，显然性价比不高。相反，他塑造了“罗辑思维”这个渠道品牌，只要客户认可“罗辑思维”，产品就可以变。今天，他的客户是30岁左右的白领，他可以卖数码产品、护肤品、学习产品。未来，他的客户变成了40岁左右的社会精英，他依然可以卖奢侈品、文化产品。只要渠道品牌还在，他可以卖任何产品。这就是渠道品牌的优势。

其三，“新人类”对产品的个性、潮流、延伸价值的要求高，对产品的丰富度、对产品的升级换代的要求高。传统的产品品牌会消亡得非常快，因为它满足不了“新人类”的需求。例如一家专卖店，很多年轻人逛过一次以后就不会再去第二次，因为产品类型固定，而且更新得特别慢，满足不了他们的个性要求。反而像优衣库这样的渠道品牌，他们会经常光顾。

我们在分析新一代年轻消费者的个性时会发现，他们喜新厌旧、崇尚个性，小众品牌流行但是数量众多，不可能一一去了解，所以只能选择相信渠道。当前“买手”这个职业的兴起，也是消费者喜好改变的体现。面对众多的小众品牌和原创设计，消费者需要渠道帮他们做挑选和推荐，所以造就了渠道品牌的兴起。

其四，现在进入了个人品牌时代。我们说，任何一家企业其实都有两个层面的品牌，企业的标识品牌和企业经营者的个人品牌。这两个层面的品牌往往是合二为一的。有时候，个人品牌的影响力甚至超过了企业品牌。例如：小米和雷军，在消费者眼中往往是一体的。甚至对于很多消费者来说，是因为欣赏雷军才认可小米这个品牌的。个人的影响力、魅力值叠加在产品上，再一次弱化了产品品牌本身的影响，导致消费者越来越不看重产品品牌。

其五，正如我们前面所讲，未来的渠道是由人组成的。人的影响力往往会超过产品本身的影响力。例如：微商刚兴起时，所流通的产品是完全没有知名度的，全部依赖于愿意卖这个产品的微商替它做信任背书。那么这个人为什么能把产品卖得好呢？他靠的不是产品的品牌，而是自己的魅力。这时他完全是凭借自己的个人品牌在卖这个产品。在这个逻辑中，我们可以看到，产品品牌的作用再一次被弱化了，变得不那么重要。许许多多的微商加在一起，就构成了渠道。这些微商的个人品牌和魅力值都叠加在一起，就形成了渠道品牌。

如此说来，渠道品牌是不是比产品品牌更重要呢？举个例子：微信公众号上经常有人推一些产品，比如护肤品、燕窝等，都是没有知名度的，价钱还不便宜，但是卖得特别好。它是靠什么卖的？靠的是它的内容，靠的是公众号经营者的个人魅力。在这个环节中，完全是渠道品牌在起作用，跟产品自身的品牌无关。

其六，产品经营者、渠道经营者（包括微商）的个人魅力会影响一批忠实的追随者。这些追随者也会主动帮品牌背书，传播好口碑，如此便再一次弱化了对产品本身知名度的依赖。

在个人品牌时代，产品本身的品牌已经变得不那么重要了，那我们应该如何塑造个人品牌和渠道品牌呢？

这时，传统打广告的方式是无效的，打造品牌的关键就变成了如何经营一批有影响力的人（比如网红），让他们去卖你的产品。比如有 30 万个微商，量有了，质如何体现？就看这 30 万人中有多少个有影响力的人。30 万个微商共同构成了渠道，其中有 1 万个具有品牌影响力的人，那么这 1 万人的个人品牌叠加在一起，就构成了你的渠道品牌形象。

同样是微商，A 产品的微商是由无业游民、传销人士以及很多文化素养不高的人所组成的，他们传播产品的方式就是不停地刷广告。那么由这些人所构成的渠道品牌，是不是会给人一种不专业、信不过的渠道品牌形象？很多微商品牌做不好就是这个原因，他们对自己的微商无挑选、无管理，形成了一个糟糕的渠道品牌形象。

B品牌的微商是由众多的明星公众号经营者所组成的，他们大都受过良好的教育，有品位，才华横溢，粉丝众多，他们传播产品的方式是提炼价值、传达生活态度、情感共鸣、散发个人魅力等，他们的个人品牌全都叠加在一起，形成了一个格调很高的渠道品牌形象。消费者因为认可他们的个人品牌，进而认可了由众多个体所共同构成的渠道品牌，因此不管他们卖什么产品，哪怕是从来没听说过的牌子，客户都愿意购买。在这个过程中，产品自身的品牌就显得完全不重要了。

最后，在打造产品品牌还是渠道品牌这个问题上，我还要再讲一个问题，这也是我在咨询实践中所碰到的很多经营者都很关心的一个问题：大众品牌将会消亡，那么传统品牌该如何自处呢?

首先，是一个如何“定义”品牌的问题。苹果在一般人的理解中，它就是一个产品品牌，但事实上它也是一个渠道的品牌。

其次，是品牌延伸的问题。有人会说，大众品牌会消亡，是因为产品本身的生命周期变短，那么，是否可以进行产品延伸呢？例如，过去是做软饮料的，品牌有一定的知名度和美誉度，但现在越来越多的人都提倡健康生活，那么是否可以用过去的牌子去做健康饮品呢？这确实是一种思路，但其中也存在两个问题：其一，品牌延伸的空间非常有限，你不可能将一个做电器的品牌拿去做食品，消费者不会买账；其二，品牌延伸要想成功也不是一件容易的事。一个典型的例子就是诺基亚，当年微软收购诺基亚的重要原因之一就是看中了它的品牌价值，但是直到现在，微软在利用“诺基亚”这个品牌上仍然没有产生太大的水花。

创始人个人品牌成为企业资源

“你只闻到我的香水，却没看到我的汗水，你有你的规则，我有我的选择，你否定我的现在，我决定我的未来，你嘲笑我一无所有，不配去爱，我可怜你总是等待，你可以轻视我们的年轻，我们会证明这是谁的时代，梦想是注定孤独的旅行，路上少不了质疑和嘲笑，但那又怎样，哪怕遍体鳞伤也要活得漂亮，我是陈鸥，我为自己代言。”

这是聚美优品的创始人陈欧在为自家品牌做代言时的广告词，一时之间受到很多“85后”“95后”的追捧，陈欧出名了，陈欧体出名了，就连“为自己代言”这句广告词也出名了，聚美优美这个品牌也火了，一跃成为美妆行业的老大。

据陈欧自己所说，2011年初，董事会要求他出来为聚美优品做代言的时候，他是非常犹豫的。但是他的天使投资人徐小平希望他站出来，还给他举了张朝阳的例子，说这位互联网第一代创业者通过打造个人品牌，以极低的代价成功带动了搜狐的知名度。被说服的陈欧完美地完成了“为自己代言”，再后来，陈欧不断出现在湖南卫视的“快乐女生”、天津卫视的“非你莫属”等电视节目中，他还曾与张朝阳等明星企业家一起参加著名娱乐节目“天天向上”。在节目里，张朝阳是“可爱潮男”，陈欧则是"'80后'创业新贵"。陈欧的个人品牌，已经成为聚美优品这家企业的资源和财富。

这就是互联网时代的品牌塑造。传统的品牌就是一个LOGO，使劲打广告就行。现在的品牌内涵则复杂得多。就连创始人本身，也是品牌的重要组成部分。你会发现，如今的知名品牌，背后都站着一个知名的企业经营者，新兴的品牌几乎全是这样的。品牌和创始人本身是二合一的。例如：想到淘宝阿里巴巴就想到马云，想到腾讯就想到马化腾，想到京东就想到刘强东，想到万科就想到王石，想到苹果就想到乔布斯……

当年乔布斯去世时，很多人都预测苹果的品牌价值会下降。王石和万达之争时，很多人甚至都预测：离开了王石，万科就完了。明明王石在万科中所占的股份比例这么小，为什么他的分量却这么重？就是因为他的个人品牌价值。

未来的产品品牌都是跟一个人或几个人的形象挂钩的。所以你会看到现在的企业家跟过去完全不同。中国有句古话叫"闷声发大财"，那时的企业家都很低调。但是现在的企业家，哪怕是一个小店的店主，可能都是一个名人、一个网红。像锤子、罗胖他们那些人在创业时，他们不是先打产品品牌，而是先建立自己的个人品牌(如图8-3所示)。

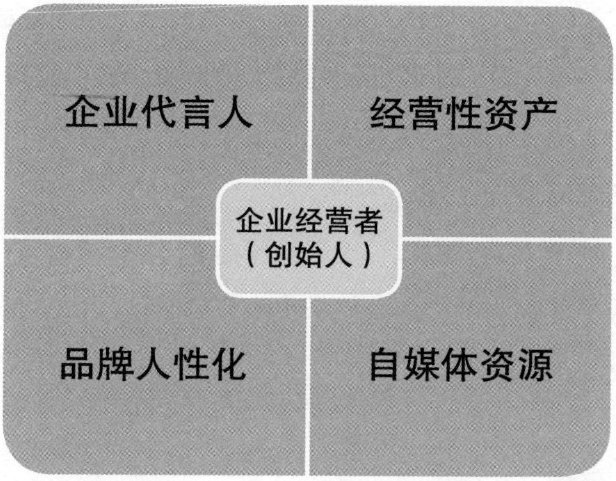

图 8–3 创始人个人品牌是企业资源

这是很多传统经营者看不懂的地方，对于“85 后”“95 后”这批“新人类”来说，品牌不再只是一个商标、一个 LOGO 了，它变得有血、有肉、有思想、有情感了，企业的创始人、企业背后的故事、企业的发展历程、企业的公众形象……所有的这一切，都成为品牌的重要组成部分。

那么，如何把个人品牌植入到产品品牌或者渠道品牌中去呢？在个人品牌打造的过程中，是不是随心所欲的呢？实际上，在很多企业打造经营者的个人品牌，都是有专门的团队在运作。我们会发现，在很多企业里，企业的形象、产品的形象和经营者的个人形象，往往是重叠的。

以小米为例，小米要推经营者的个人品牌，那么要推一个怎样的形象呢？首先，他得是一个 IT 男，还得是一个专业的技术大牛的形象，一个低调谦虚的形象，一个有爱心的暖男形象。小米的团队基本上是按照这样的标准去推雷军的个人形象的。慢慢地，雷军的个人形象变成了产品形象。在大众的眼中，雷军是一个很低调的技术男形象，看似很接地气，实际上却很牛。对应于小米，看似便宜接地气却很好用，性价比很高。个人品牌形象和产品品牌形象合二为一。

可以说，在个人品牌时代，个人品牌是企业的资源，它的打造过程并不是某一个人率性而为的，而是一个很专业的事情，这个领域也是很多传统经营者所欠缺的。

未来品牌人格化变得极为重要

过去的经营者在塑造品牌、打广告时都是强调功能、用途，现在这一套行不通了。原因很简单，我们前面已经讲过：新一代的消费者不买功能，因为功能是最基础的，你达不到就没有存在价值，无须再说，他们只买延伸价值。正因为如此，品牌也不再是一个冷冰冰的标签，而是一个有血有肉、有情感的人格化的东西（如图 8–4 所示）。

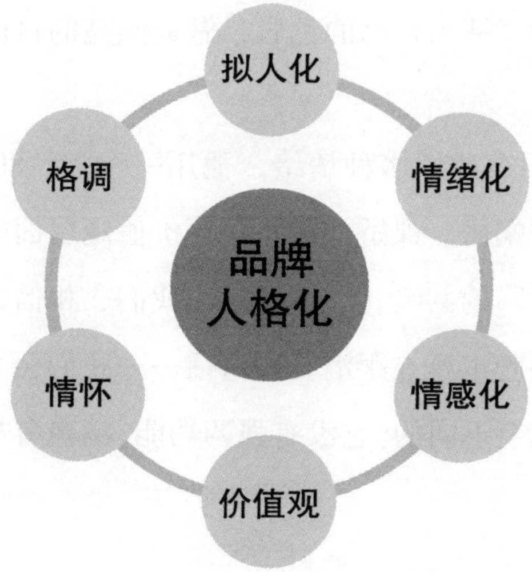

图 8–4 未来品牌的人格化

品牌的人格化是由哪些东西体现出来的？一般来说，它包括：拟人化、情绪化、情感化、价值观、情怀、格调等多层面的东西。

仍然以聚美优品的一段广告词为例：

我是陈欧，聚美优品创始人。蜗居，裸婚，都让我们撞上了。别担心，奋斗才刚刚开始，“80后”的我们一直在路上。不管压力有多大，也要活出自己的色彩，做最漂亮的自己。相信我们，相信聚美。我是陈欧，我为自己代言。

我们都知道，聚美优品是一家做美妆的网络零售商，但是它在广告中强调了自己的功能吗？它有讲自己的产品多么牛，自己的化妆品、洗发水功能多么强大吗？它有讲自己产品的成分吗？它有讲自己的供应商对质量的把控有多么严格吗？它有强调自己物美价廉吗？都没有。它全部的广告词提到产品的就一句“活出自己的色彩，做最漂亮的自己”，是带情感在里面的。

它的整段广告词表达了多种情绪，他用一个““80后””勾起了一代人的情怀，它用“蜗居、裸婚、奋斗”等价值观层面的东西来表达一种态度，引起“新人类”的共鸣。它用“相信我们、相信聚美”赋予品牌拟人化的特点，仿佛品牌本身在跟消费者对话……我们会发现，它的思路跟过去的品牌塑造是完全不同的。它没有强调功能，消费者却认可它、记住它。

第九章 >>>>>>

新生产——超级代工厂正在形成

黑灯工厂正在兴起，智能化生产是不可逆转的趋势。
超级代工工厂正在形成，
生产将成为一件专业的事，由专业的工厂去做。
渠道和生产分离是未来零售的大方向，
未来的工厂将只是产品的生产加工间，按需生产，
零库存将成为可能。

中国制造正在形成超大的代工工厂，产能非常大。未来，这些超级代工工厂会越来越多。与此同时，一些小型的作坊则会面临淘汰。这也是未来工厂的发展趋势（如表 9–1 所示）。

表 9–1 超级代工厂的形成

类型	代表性	特点	同类型企业
电子设备	富士康	游戏机、笔记本电脑、液晶电视、光驱、数码相机、投影机、胶热系统及组件、LED 光照明、新型界面材料、镁铝合金产品、印刷电路板等产品	苹果手机 小米手机 三星手机 魅族手机
纺织	溢达纺织	棉花种植、纺纱、染色、织布、后整理、制衣及制衣辅料，提供“棉花……纺纱……织布 / 辅料……制衣……出口一站式服务”	CK Hugo Boss
日化	隆力奇	发用，护肤，美容装饰，类香水类化妆品，日用品，清洁用品，卫生用品，牙膏生产等品类	云南白药牙膏 舒适达牙膏 舒克牙膏

超级代工工厂是规模超大，只做代工，不做自有品牌产品的工厂。

富士康就是一家超级代工工厂。所有的手机，包括苹果、小米、三星、魅族等，几乎大部分都是富士康代工生产。富士康不仅代工手机，还代工很多其他的电子设备包括笔记本电脑、液晶显示器、光驱等。

广东有一家溢达纺织工厂，代工了全世界很多的著名服装品牌。

隆力奇也是一家超级代工工厂。中国大部分的知名品牌化妆品，日化产品全部是由隆力奇代工的。还有云南白药、舒达、舒客牙膏等都是隆力奇生产的。过去，像这样超级规模的代工厂只是少数，大部分是小作坊式的工厂。现在，小工厂、小作坊纷纷倒闭，超级规模的代工厂正在形成。所以，我认为这将会成为未来的一种趋势。

黑灯工厂正在崛起

黑灯工厂就是智能化生产。未来的生产趋势一定是以机器人为主。机器人已经在很多地方开始投入应用：机器人餐厅、机器人工厂、机器人超市……未来几年，机器人的应用将会有一个爆发式的增长，特别是在生产领域。

从 2015 年开始，国家对于智能化生产给出了很多有利的政策。例如：你准备要做智能化生产了，也就是说你准备采购一些智能化的生产设备，政府给予很多的金融政策和税收等扶持政策。

国家正在大力支持智能制造，支持黑灯工厂的发展。为什么说黑灯工厂会成为未来的主流呢？这是因为它有以下几个好处：安全性高；节省人工; 提高效率和品质; 降低产品不良率; 节省原料,降低成本; 提高企业形象。

智能工厂的安全性高。在我国，工厂发生事故的新闻屡见不鲜。对于工厂来说，发生事故就意味着倒闭。智能化生产避免了员工玩忽职守、技术水平不够等不可控的因素，安全性肯定更有保障。

最主要的是，智能工厂不仅可以降低人工成本，还能缓解产业工人不足的难题。近几年，“用工荒”已经成为一个社会问题。

据统计，工厂里的工人平均年龄在 48 岁左右，长三角地区的是 52 岁左右。年轻人很少，而且流动性特别大。

建筑工地上的平均年龄是多大呢？国营级最好的建筑公司，平均年龄是45~47岁，普通的建筑公司平均年龄是在55岁左右，这超乎很多人的想象。过去，建筑工地不招女性，而现在男女比例几乎达到了6：4。

因此，在这样的时代背景下，智能化是必然的发展趋势。不仅如此，从降低成本、节省人工、环保的层面上讲，智能化也有显著的优势。过去，一条生产线上需要一批流水线工人，未来则很可能是一个机器人或几个机器人控制一条生产线。

在一些灌装饮料的智能化生产工厂里，生产设备和管理信息系统各自连接，并且设备和信息系统之间也连接起来，然后通过一种射频识别技术将生产的原料和生产设备有效组接，实现无线通信、个性化生产。比如可以根据顾客的特殊需要，生产一些特需饮料。总之，能在同一条生产线上，实现多品种、小批量、定制化生产，实现每瓶灌装饮料从网上下单的那一刻起，就是完全私人定制的。

记者实拍了一家智能化饺子生产厂家，从饺子馅的上料到面皮的制作，从自动化包饺子，再到机器人抓取装盒子，最后包装搬运冷藏，全程无一人参与。

随着物联网的发展，智能化生产是未来的必然趋势。国家正在大力提倡工业4.0，制定了很多优惠政策鼓励智能化生产，如今智能化生产已经在各行各业开始大力发展了。

工厂只是产品的生产加工车间

过去的工厂还负责着研发、设计等功能，而未来的工厂将只是产品的生产加工车间，这也是未来生产的一个发展方向（如图 9–1 所示）。

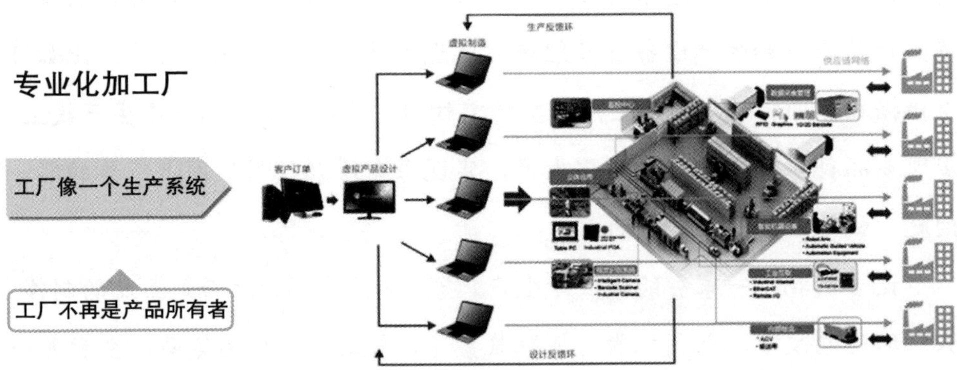

图 9–1　产品的生产加工车间

正如我们前面所讲，未来的品牌是渠道品牌，而不是产品品牌。那么品牌跟工厂有关系吗？可以说一点关系都没有。

对于做零售业的人来说，是控制产品更有优势还是控制渠道更有优势？显然是控制渠道，因为控制渠道可以销售任何产品。就像我们前面讲过的无印良品，它的供应商、产品一直在变，可能今天合作过的供应商或者工厂，明天就不再合作了。但是只要无印良品这个渠道品牌还在，它就不愁没东西卖，也不愁没人买。

这说明作为工厂，它无须成为一个产品的拥有者，只要有人下订单就可以生产。下单的人必须要自己提供技术要求、配方、生产工艺要求、外形设计等方面的资料，工厂按照要求生产出来就可以了。

如今，越来越多的品牌经营方和渠道方已放弃建自有工厂，将生产这一环节分离出去。对于品牌方来说，它可以方便对资本运营的管理，售后也变得更为简单化；对于工厂来说，它可以更加专业，扩大产能，降低成本，可以给任何人生产，不存在产品销售不出去、生产线停工的问题。未来所有的专业代工工厂都会朝着这个方向发展。

我有一个客户是做家具的，做了二十多年，经营得还不错，业务范围从原先的江浙沪拓展到了全国且订单源源不断。他自己在江浙有两家工厂，但是生产能力不能满足需求。那么这个时候该怎么办？自己建一家工厂吗？成本太高，也不够专业。更何况，按照他自己的说法，他的客户遍布全国，包括内蒙古、辽宁、新疆等较远地区，如果在江浙制作成品家具再运送到这些目的地，运输成本高，损坏风险大，而且也不能提供很好的售后服务。

最终，他选择了找代工厂长期合作的模式，自己负责渠道、品牌、研发、设计等环节，合作工厂提供生产、运输和售后等服务。

未来的零售业对产品的要求越来越高，对专业化生产和专业化加工能力的要求也越来越高。

台湾第二大触控面板厂商胜华科技曾是苹果的生产供应商，后来由于生产技术达不到苹果的要求，2014 年被终止合作。这直接导致了该企业的破产。

代工生产已然成为一件非常专业的事，未来的工厂将会着力于提升自己的专业化生产和工艺水平以提高自身的竞争力，它们将不再有精力去做其他环节的事，这是一个必然的趋势。

第十章 >>>>>

新分工——从十节甘蔗再看消费行业分工

未来的行业分工一定会越来越细，

创意、研发、设计、制造、仓储、配送、售后将成为独立的产业。

渠道负责定价、营销、交易等最核心的环节以及整合上下游资源，

新分工下，渠道将成为零售业十节甘蔗中最重要的一环。

消费行业（就是我们所说的纯零售）大致都要经过 10 个环节：创意、设计、研发、制造、定价、营销、交易、仓储、配送和售后（如图 10–1 所示）。

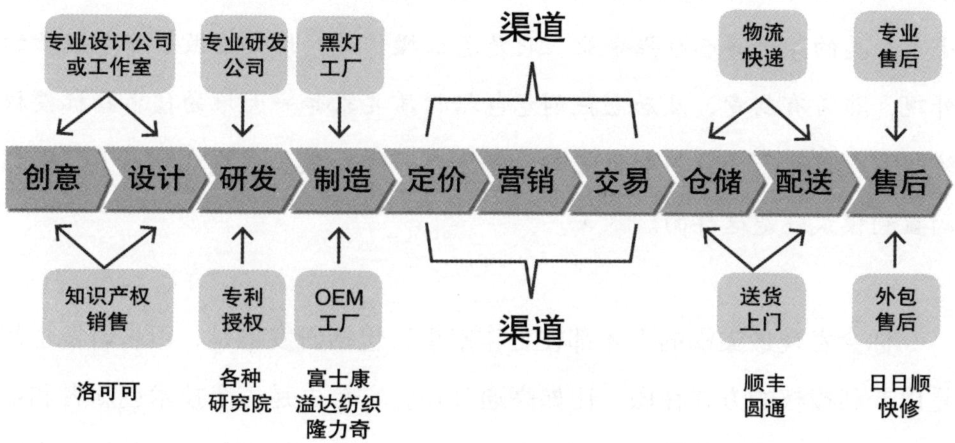

图 10–1 消费行业的分工

创意只是一个点子，要把点子变成一个工艺设计或者工业设计，设计以后还涉及很多的技术研发，研发把技术标准做出来以后交给工厂，工厂按照工艺要求或者数据要求去生产，紧接着是定价、营销、交易、仓储、配送和售后。

实际上这 10 个环节的分工非常明确，我们可以发现 10 个环节中，创意和设计不需要工厂自己做，因为现在工厂都是代工，由需要代工的那一方自己提供创意和设计，或者找创意设计公司购买创意。

著名的洛可可公司，就是一家设计创意公司。2004年，贾伟离开联想。随后，洛可可在一个月租500元的工位上诞生了。最初的“设计中心”的情节，让贾伟一路把洛可可变成中国最大的设计公司，在全国30多个城市和伦敦设有分公司，拥有1000多名员工，客户包括奥迪、宝马、三星、小米、美的等世界500强企业。它是怎么操作的？比如它做了一个瓶子的外观，非常有创意，然后它把创意包括材质要求等一大堆的技术指标授权给一家或者几家企业。告诉它们：每生产一个给我几块钱就可以了。它们的盈利模式就是这样的。

你会发现最尖端的人才都在工作室里，包括研发也是，很多研发也都是以专利授权的方式在做。比如高通公司，它首先是一个技术创新者和推动者。高通公司将其收入的相当大一部分用于基础技术研发，并将几乎所有专利技术提供给各种规模的用户设备授权厂商和系统设备授权厂商。高通创立于1985年，总部设在美国加利福尼亚州圣迭戈市，3万多名员工遍布全球。高通公司是全球3G、4G与下一代无线技术的企业，目前已经向全球多家制造商提供技术使用授权，涉及了世界上所有电信设备和消费电子设备的品牌。

现在的很多工厂，都是很纯粹的OEM代工工厂。

市场上有很多专业化的第三方公司，例如菜鸟公司、顺丰公司、三通一达等，它们包揽了配送和仓储的所有业务，并且成本更低、服务更好，所以你完全没有必要自己去建仓储物流。

再说售后，现在很多企业的售后也是外包给第三方的。比如手机维修售后、电脑维修售后、家用电器的维修售后等，很多品牌的售后维修都是外包的。一家第三方公司可能会同时接好几个品牌手机的售后，如日日顺、快修等。

剩下的就是定价、营销和交易了。那么，这三个环节什么样的公司去做最合适？显然是渠道公司。你会发现新零售革命，虽然涉及无数环节，但最核心的环节却只能由渠道公司自己来做。

在新零售中，渠道成为最核心的节点。作为渠道来讲，你必须重新去整合所有的资源，重新定义生产，重新塑造品牌。那么未来对渠道公司的定义是什么呢？渠道公司不再只是一个流通环节，不再只是卖东西，它首先是一个品牌公司，例如宜家、无印良品、优衣库、名创优品等，渠道还是营销公司，还是客户管理公司。新零售最核心的环节都是由渠道来完成的。

创意设计正在成为一个新型行业

过去，创意和设计都是由工厂（或者品牌方）自主完成的。现在，创意和设计逐渐分离开来，成为一个独立的产业。这是一个新的趋势。事实上，这个趋势在过去十年间已经出现，但在移动互联时代越来越明显了。今天，我们所购买的产品，它的创意和外观设计很可能并不是来自于它 LOGO 上的那个品牌方或者工厂，而是来自于独立的创意设计公司。

著名的独立设计公司洛可可成立已有 13 年了，一直专注于产品设计。其涉及的领域包括工业设计、品牌设计、UED 设计、产品策略与用户研究、广告、软件、农业、上上家居、上上装等各行各业。它的运作模式很简单，就是卖设计或者将自己的设计授权给相关企业，再享受销售分成。

众多知名企业都是它们的客户，例如小米等。2016 年，洛可可的创始人贾伟再创业，创办了 PC 客户任务端，其合作伙伴囊括了快轮科技、京东众筹、优酷视频等众多国内知名企业。

类似于洛可可这样的公司，市面上还有很多。

嘉兰图是一家工业设计公司，创立于2000年。过去，该公司是每个项目收一笔设计费（最多的可达上百万元）。后来，他们从一款老年机开始，尝试不收设计费，而是从客户生产的每台手机中收“授权费”，与客户共担市场风险。结果仅一年时间，授权费就有近1000万元。客户包括华为、中兴、美的、诺亚舟等企业，设计案例达3000多个。

为什么创意和设计会逐渐从品牌方或者工厂分离出来呢？为什么行业分工会产生如此的变化呢？分析原因，我认为主要有以下几点。

一是成本和效率。过去，工厂和品牌方有自己的设计部门，设计由内部员工来完成。但是，当工厂需要一个设计作品时，员工能够在最短的时间内交出最优秀的作品吗？实际上，这是无法保证的。但是从专业的设计公司购买，完全可以。在这个过程中，花费的成本还可能更低，主要是大幅度降低了人员管理上的成本。

小米从成立到产品走向市场，这个过程可以说非常短。一夜之间冒出来，一夜之间火遍全国。能够保证这样的效率，其中一个很大的原因就是它的创意和设计包括很多其他的环节，都是由独立的专业机构替它完成的。

根据第三方市场研究公司IHS Technology发布的2015年《手机ODM产业白皮书》显示，除了vivo和OPPO这两家手机公司推出的手机是百分百自主研发外，华为、联想、小米、酷派、中兴、TCL、魅族等这些手机品牌大部分是委托第三方手机设计公司（ODM）来进行设计的。

互联网时代，效率就是生命。如今所有的品牌，其产品更新的速度非常快，按照传统的分工，要保证这样的效率几乎是不可能的，但是新分工可以帮助企业实现这种高效。

二是专业。我们都知道，互联网时代是用户思维，创意和设计更是需要用户思维。过去我们对创意和设计的理解往往只是一张图，而现在一个成功的设计，其背后花费的心血可能会更多，因为你首先需要懂用户。洛可可的一位资深设计师就说过这么一句话："不懂用户怎么混江湖。"

过去的思维是产品思维，设计师更多的是按照老板或者自己的喜好，以至于市面上充斥着很多那种"年轻人一眼看过去就不想买"的设计。过去，跟风或者山寨也很盛行，很多企业根本不愿意把心思和成本花在设计上。但是现在，如果你还沿用这样的思维，恐怕就只有死路一条了，因为新一代的消费者，他们追求时尚和个性，他们会为产品的颜值买单。

互联网时代，一个产品的设计流程是这个产品的创新服务流程，包括产品企划、研发、设计、推广和营销的全过程。

根据洛可可集团首席设计官连振的叙述，洛可可同霍尼韦尔合作时是这样操作的。首先，洛可可找到空气净化领域销量排名前五的品牌产品进行市场趋势分析和大数据分析，定义产品价格范围、产品趋势方向；接着，进行目标用户入户访谈，调研使用环境，挖掘用户痛点，确定产品功能诉求；最后，根据企划导出需求，进行项目技术论证，原理机设计。在完成了这些准备工作之后，再开始"头脑风暴 + 草图 + 草模 +2D+3D"这些设计的部分。

这是一个非常专业的过程，其专业度不亚于十节甘蔗中的任何其他环节。在这种情况下，必须是专业的人、专业的公司才能做专业的事。

同时，正是由于市场对创意设计提出了更高的要求，客观上提升了创意设计的价值，使得一家独立的创意设计公司完全可以养活自己，并且能活得很滋润，因此创意设计可以成为一个独立的行业发展壮大起来。过去是销售为王的时代，在一家企业里，跟市场相关的职位是最有可能产生高收入的职位，设计师往往都是处于食物链的最底端。而现在，洛可可一年的业务规模超过百亿，优秀的独立设计师年薪过百万已是很平常的事。

其三，互联网的高速发展，信息变得更为畅通。使得创意设计的交易变得越来越简单。

过去，企业想从外面买到满意的设计作品，其实并不是一件容易的事。而现在呢，市场上不仅涌现出大量的独立设计工作室，还出现了很多第三方交易平台。所谓第三方交易平台，指的是企业和雇主在平台上发布自己的设计任务，独立设计工作室或自由设计师在平台上接单。这个规模如今已经相当庞大。根据行业领先的平台“猪八戒”的官方数据显示：2016 年交易额为 310 亿元，平台上至少有 1300 万服务商和 600 万雇主。

在这三重因素的影响下，越来越多的企业倾向于将创意和设计分离出去，交给更专业的设计工作室去做。与此同时，越来越多有才华的设计师从企业分离出来，到更专业的创意设计机构工作。以至于现在的创意设计市场上都默认：最优秀的设计师往往不在企业里，而在工作室里。这也在逼着企业将创意设计分离出去。可以预测的是，未来的创意设计跟生产、销售分离已是不可逆转的趋势。

研发和生产逐渐分离

过去，企业的研发、设计、生产、销售都是一体化的。技术的壁垒使得实力雄厚的大企业可以不费吹灰之力就站在了金字塔的最顶端。如今，研发跟生产也逐渐分离，技术和专利的交易变得越来越频繁。

2010 年，华为正式收购比利时 4G 芯片制造商 M4S 公司。原因是华为认为 M4S 在芯片组领域的强大实力会强化自己的研发能力。从本质上讲，它收购的是该公司拥有的技术、研发成果和各项专利。

各大科技公司也纷纷成立了自己的专利授权管理公司。

2013 年 3 月 25 日美国智财权管理公司 Pendrell 宣布从诺基亚收购 125 项专利，主要涵盖电子设备的基础储存技术专利，以 SD 卡为主的及其他嵌入式快闪记忆体等多种储备应用技术。

Pendrell 在收购了诺基亚的这些专利后，宣布成立了一家名为赫尔辛基存储技术（Helsinki Memory Technologies，HMT）的公司，继续推动这些专利及创新技术，并透过全球授权行销达成扩大收入的目的。

2013年3月，三星显示器公司投资2500万美元，在美国华盛顿成立专门处理贸易和专利事务公司Intellectual Keystone Technology（IKT）。三星宣称，这是韩国企业首次就专利问题成立独立的公司。IKT曾于2013年4月30日购买了日本爱普生的显示器相关专利。同时，三星希望继续由专利授权模式向其他公司收取权利金，来增加营业收入。

除了企业之间专利的授权和转让，市面上独立的研发机构也越来越多。

在医药行业，成立于2000年的药明康德就是一家全球领先的制药、生物技术以及医疗器械研发能力和技术平台公司，为众多的医药企业提供研发外包服务。例如，2010年，为比利时杨森制药提供毒理以及其他非临床服务；2016年，与众生药业合作开发一类肝癌新药；2017年与广生堂合作开发2种肝病新药；与保瑞医药（PRA）组建合资企业为中国市场提供临床研究服务等。

大家都很熟悉的屈臣氏，是一家大型连锁零售商，但它同时也拥有自己的品牌产品。但是到目前为止，它一直都没有自己的化妆品研发机构和技术人员。其产品研发和技术支持完全来源于企业外部。

如今，专门的知识产权事务交流交易平台已经开始出现，类似于纽交所和纳斯达克，无论是实体还是网络在线平台，其基本功能都是促进知识产权交易交流，包括创建的基于知识产权的金融工具或类似股票的上市和交易。可以预见的是，未来的工厂将不再承担研发的任务，独立的研发机构将会越来越多。

仓储物流外包正在被大力提倡

如今，越来越多的企业选择不再自建仓库，而是将仓储物流外包，以降低成本、提升效率。仓储物流外包，成为众多零售企业轻资产运营的必选之路。

2013年的双十一当天，阿卡销售额冲到1.09亿元，成为女装类目最大的黑马。而据品牌方的叙述，倘若没有将仓储外包给第三方，提高工作效率，要做到这个量几乎是不可能的。因为他们在双十一期间备货高达1.8亿元，要在非常短的时间内完成配送，以企业过去的配送能力是根本办不到的。即使做到了，所消耗的成本也会比外包高很多。

互联网时代，企业的客户来自于五湖四海，倘若企业只有一个总仓，那么物流的成本将会非常高昂；建过多的分仓，其仓储的成本也十分高昂。更重要的是，大多数传统企业都不具备高效配送的能力。因此，将仓库物流外包是最好的选择。

物流能力的强弱对于商家能否在渠道市场上取胜起着至关重要的作用。特别是如今库存多的企业，越来越多的商家尝试与第三方物流合作以强化库存周转效率。

市场上已经有不少品牌商家把自身的仓储物流业务外包出去了。例如:特步就已经将自身的仓储物流业务外包给了第三方，从产品入库到出库，当中的管理程序均由第三方公司去完成，只要指定一个工作人员每月对这部分仓储运作情况及时跟踪与总结即可。鸿星尔克也把其电子商务业务中的仓储和配送环节交由第三方进行仓配一体化管理。

某品牌物流部经理说：“按公司 2017 年所有物流业务费用 1300 多万元来计算，如果全部采用外包，公司可节省近 250 万元。”

正是因为物流和仓储逐渐从企业中分离出来，由此成就了一大批的物流企业，如早期的五洲在线、发网、百世物流等，现在的顺丰、圆通等。

售后外包已是很成熟的产业链

在IT及电子产品领域行业，售后外包已经发展了十年之久，模式成熟。

这一点，相信很多人都有切身体会。在绝大多数电脑手机维修中心，我们可以看到一家第三方售后服务公司承担着多个品牌的售后。

国内PC、手机售后外包的比例非常高，华为、联想等知名品牌的售后全部选择外包。2016年12月，小米也宣布将售后转给有着丰富手机维修经验的新凌通讯科技。

家电行业售后外包的现象也十分普遍。据商务部的公开资料显示，截至2010年底，中国家电维修服务注册企业约30万个。根据调查，这30万个维修服务注册企业在过去这些年承担了中国家电售后服务领域90%的工作。也就是说，中国90%的家电企业选择将售后服务外包。

为何选择外包？原因很简单：运作维修站不容易，技师团队要培养，零件采购要成本，如果让家电企业亲自操作，将花费大量的时间和管理成本，而且利润也较低，不如外包给更专业的机构来做。某知名家电企业的高管曾在接受访问时说："我们在北京、上海、广州等一线城市建一个维修站，一年的运营成本需要50万元~80万元，三四级城市也要20万元。但如果运营一个外包维修站，一般每年只需要5万元~10万元。"

许多其他行业，如建筑、房地产、家具等也纷纷加入到售后外包的行列。一旦有了专业售后企业的参与，网购家具建材后的家具安装、家具维修、家具美容、木门安装维修等操作起来就简单得多。

不仅如此，很多国外的知名品牌公司也将售后外包给国内的第三方公司。

著名奢侈品牌GUCCI的售后外包曾经一度引起轩然大波。奢侈品的售后竟然由小店来完成，这让消费者很是不理解。但是在传统的售后体系里，由品牌方负责售后往往需要将产品寄回国外，待修好后再返回消费者手中，这个过程十分漫长且成本较高，所以品牌方选择将售后外包。

追溯服务外包发展的历史，最初服务外包是伴随着“核心竞争力”这个概念的提出而出现的，其主旨在于把更多的精力用来专注于做最擅长、最具核心竞争力的业务，将非核心的业务外包给更专业的公司去做，从而达到降低成本、提高生产效率的目的。

如今，随着社会劳动分工越来越细，服务外包已逐渐从企业内部流程中分离出来，不再只是企业执行内部流程和选择服务的一种经营模式，而是形成了一种独立的社会产业分工形态，成为一个独立的产业。

当然，售后外包也引起了一些负面效应。由于第三方售后企业鱼龙混杂，经常有消费者投诉“第三方售后服务差、收费高”等问题的出现。

如何解决这个问题呢？以海尔为例，在中国家电行业，海尔的售后服务是金字招牌。其实，在海尔的售后服务体系中，外包的比重相对较大。那么海尔是如何成功管理外包的呢？

其中很重要的一点是主要靠考核。对于特约维修网点的工作人员必须经过严格的筛选和专业技能培训，并对各售后网点的工作人员进行考核和激励，不达标者将被降级或淘汰。

我认为，未来的售后一定是和“生产、销售”相分离的。但是品牌方不能失去对售后的掌控，毕竟，一旦售后出现问题，受损的始终是品牌方。

后记

“新零售”这个概念虽然问世的时间不足两年，但其热度却是高得惊人，关于新零售的课程和论坛也是层出不穷，任何文章只要带上“新零售”这个词，点击率必然上涨。原因无他，做生意讲究掌握先机，然而世界变化得太快，科技日新月异，“大数据”“人工智能”“物联网”这些概念一直被热炒，大家心里没底，都迫切地想知道行业的未来走向。

但是我们同时也看到：“新零售”是一个正在发展中的新概念，几乎所有的知识渠道中，关于“新零售”的论断都是零星的、片段式的，甚至很多只是蹭了个“新零售”的热点讲传统的那一套。

关于新零售，市面上主要有两种声音：一种声音主要来自于线上经营者，多数是强调利用大数据提升效率的；另一种声音主要来自于线下经营者，多数是强调消费者体验的。

这些论断显然是不够全面的，也不足以支撑传统经营者的转型实践。因此，我在写这本书的时候，尽量以系统化的方式来呈现零售业的各个环节。

新零售到底“新”在哪儿呢？这个概念当下还在不断地丰富和完善，然而，对于以下这些趋势，我是深信不疑的。

第一，“85后”“95后”将成为零售业的主力消费人群。他们是随着PC和手机长大的一代人，对于网络极度依赖，他们的思维方式是网络化的，并且这种趋势是不可逆转的。你不可能让这群年轻人丢掉手机，回到过去的生活方式里。因此，未来纯零售的渠道一定是在线上而不是线下，一切关于“全渠道”的论断都是伪命题。经营者无须把精力花费在研究“全渠道”这种虚无缥缈的事情上。

第二，“分享”不仅是一种购物习惯，更是“85后”“95后”的生活方式和社交文化，口碑将变得越来越重要，没有口碑的企业和店铺将寸步难行。这导致未来零售业的商业模式将发生重大改变。过去推广一个产品是先砸广告，现在则是先培养一批“天使客户”，让他们去试用、去传播。

第三，过去做生意是以产品为中心，先生产出产品，再去找用户、找销路；现在则是以用户为中心，先找到用户，再根据用户的需要去做产品。新零售不是单纯的线上线下相融合，更不是简单地等同于消费者体验升级，而是由过去的产品中心转变为用户中心，由过去的等客上门转变为主动寻找客户。这是思维上的颠覆，传统经营者要想转型成功，首先必须要从思想上转过弯来。

第四，未来大众品牌将会消亡，我们看到一大批辉煌一时的老品牌，如诺基亚、摩托罗拉、HTC、联想等，其辉煌的时间几乎不超过20年。未来的商业是“用户中心”的，而客户是不断变化的，这决定了产品的生命周期将越来越短，花重金打造产品品牌已经没有意义，未来应以打造渠道品牌为主。

第五，网络疆域正在替代传统的地理疆域，未来将是一个“社群化”的社会，打造属于自己的“社群”和生态圈是传统经营者需要去摸索的。

第六，除了少数实力特别强的大企业，对于普通的经营者来说，微渠道是最为可行的一种渠道方式，将成为纯零售的主要渠道方式。微渠道源于微商，但又和过去的微商完全不同。过去的微商大都是招商模式，未来三五年内，层层招代理商的模式一定会死掉，微商将转变为销售模式。

第七，未来的分工会越来越细，研发、设计、生产、营销、销售、仓储、物流、售后将会彼此分离，渠道将成为其中最为重要的一环。渠道不仅要承担定价、营销、交易等最为关键的环节，还要会整合上下游的资源。这对传统经营者来说是一大挑战。

总之，新零售是经营模式的颠覆，成功转型首先应从思想上转过弯来。多数人对新零售的认知仍停留在“技术革新”上，然而“人”才是一切商业活动的中心。新零售本质上是“人”的革命，“用户中心”才是新零售的关键。

好书是俊杰之士的心血，智读汇为您精选上品好书

《解密 HRBP 发展与体系构建》姊妹篇，更多实战案例、工具与方案，传统 HR 向 HRBP 转型的必备工具书。

央视百家讲坛大咖鲍鹏山、韩田鹿、郦波联袂推荐，已使成千上万企业家学员受益！

从逻辑的起点，到形式逻辑的三大基本规律和基本推理，再到 19 种逻辑谬误等概念浅近直白地呈现出来。

本书通过演说智慧、销讲智慧、导师智慧、领袖智慧帮助企业家提高演讲水平，更好地“为自己代言”。

本书是一位阿米巴经营顾问的感悟，一本中国企业阿米巴经营落地教材，一指导打开阿米巴经营的金钥匙。

以小说生动细腻的笔触＋专业的职业生涯指导，写就一部毕业十年最感人职场与爱情双丰收励志小说！

更多好书 >>

智读汇淘宝店　　智读汇微店

关于“书课联盟伴你成长”的温馨提示

我们倡导学以致用、知行合一，特别推出互联网时代学习与成长群。所有“智读汇·名师书苑”的精品图书背后，都有老师精品课程值得关注。

欢迎关注、加入我们为每一本书量身定制的书友社群（微信客服：zhiduhui9），通过从图书到微课分享到线下课程与入企辅导等全方位、立体化的尊贵服务，助您突破阅读、卓越成长！

书 好书是俊杰之士的心血，智读汇为您精选上品好书。

课 首创图书售后服务，关注公众号、加入读者社群即可收听 / 收看作者精彩微课，还有线上读书活动，聆听作者与书友互动分享。

社群 圣贤曰：“物以类聚，人以群分。”这是购买、阅读同一本书的书友专享社群。以书会友，无限可能。

欢迎咨询作者课程，希望到课堂现场聆听作者精彩分享请与我们联系，我们共同分享阅读、学习与成长的乐趣！咨询电话：13816981508